AF382498

Wozu Kultur?

Zwischen Kultur und Menschen-Vergessenheit

„Hingabe an den Instinkt und das

fessellose ‚Leben‘, das eigentlich der

Tod und als Leben nur Teufelswerk,

gifterzeugt ist“

Thomas Mann

לי ולעדנה, ליונתן, לרחלי ולחגי:

בל נישכח את אחריותנו להיות דוגמא ומופת ללביא, ליעלי
ולבאים אחריהם

INHALTSVERZEICHNIS

VORWORT

Liebe Leserin, lieber Leser, unsere Zeit – die Zeit der Corona-Pandemie – erweist sich immer mehr als eine tiefgreifende existentielle Krise. Es gibt kaum einen Bereich, der davon nicht betroffen war: die Gesellschaft und die zwischenmenschliche Beziehungen, die Politik, die Wirtschaft und die Bereiche der Bildung und der Kultur.

Besonders dramatisch kommt diese Krise im privaten Bereich und im Leben des Einzelnen zum Ausdruck: Häusliche Gewalt einerseits und die Reduzierung der zwischen-persönlichen Kontakte wie auch die Vereinsamung von Einzelpersonen andererseits.

Die dramatische weltweite Zunahme der häuslichen Gewalt in ihren unterschiedlichsten Formen hat den Generalsekretär der Vereinten Nationen António Guterres dazu veranlasst, eine Sitzung der Vollversammlung der UNO einzuberufen und dabei einen dramatischen Appel an die Vertreter der Nationen und an die Menschen der Welt zu richten.[1]

Unumstritten ist die Tatsache, dass zwischen-persönliche Kontakte von existentieller Bedeutung sind. Gerade die sogenannten Grenzsituationen als persönlich extreme Situationen betonen diese Wichtigkeit im ganz normalen alltäglichen Leben.

---

[1] 6. April 2020, https://unric.org/de/06042020-guterres/

„Wir sind", sagt Karl Jaspers, „immer in Situationen. Die Situationen wandeln sich, Gelegenheiten treten auf. Wenn sie versäumt werden, kehren sie nicht wieder. Ich kann selber an der Veränderung der Situation arbeiten. Aber es gibt Situationen, die in ihrem Wesen bleiben, auch wenn ihre augenblickliche Erscheinung anders wird und ihre überwältigende Macht sich in Schleier hüllt: Ich muss sterben, ich muss leiden, ich muss kämpfen, ich bin dem Zufall unterworfen, ich verstricke mich unausweichlich in Schuld. Diese Grundsituation unseres Daseins nennen wir *Grenzsituationen*. Das heißt, es sind Situationen, über die wir nicht hinaus können, die wir nicht ändern können".[2]

Dass die Corona-Krise viele Menschen schnell in eine persönliche schwere Krise führte, das war vorhersehbar. Dass dabei sich aber besonders junge Menschen als psychisch sehr labil erweisen, das war so nicht klar genug.

Inzwischen ist sehr klar geworden: „shutdown" , „homeschooling", „zoom", „teams" und ähnliche Formen der Reduzierung der „Life"-Kontakte stehen in direktem Zusammenhang mit der psychischen Labilität von jungen Menschen und Erwachsenen unterschiedlicher Altersgruppen: Es ist die Rede von schweren psychischen Erkrankungen bis hin zur Suizidgefahr.

Was ist eigentlich geschehen? Warum fühlten sich Menschen, die an ihren elektronischen Geräten wie „am Tropf" hängen, *schlagartig auf sich geworfen*? Soziale Netzwerke,

---

[2] Karl Jaspers, Einführung in die Philosophie, München 1953, 1. Radiovortrag, S.11

„Freunde" und „community", diese wiesen sich als Phantom, als *menschliche Leere* auf. Es gibt doch einen grundsätzlichen Unterschied zwischen „life", also die Unmittelbarkeit der sozialen Aktion und „digital"!

Interessant ist dabei die Tatsache, dass es so scheint, als ob inmitten von Europa, ja inmitten des Bereichs der sogenannten westlichen Kultur, die Menschen, besonders die jungen Erwachsene, *von Souveränität und Mündigkeit geprägt* sind. Warum haben denn *so viele so schnell das seelische Gleichgewicht verloren?*

Es gab keine Zeit, wie die unsere, wo Menschen mit einem so reichen Angebot an Bildungsmöglichkeiten und an kultureller Vielfalt verwöhnt waren. Kultur und Bildung sind doch nicht bloß als Instrumente der äußerlichen Gestaltung des Lebens zu verstehen. Gerade in Krisenzeiten müssten sie ihre *eigentümliche Bedeutung* und ihre *eigentümliche Wirkung* auf die Einzelpersonen und auf ihre Gesellschaft offenbaren. *Warum ist die innere Stärke, die in Kultur und Bildung innewohnt, nicht zur klaren Geltung gekommen?*

Sollten Bildung und Kultur den Menschen nicht sich selbst näher bringen, dazu, den Schwerpunkt des persönlichen Daseins in die eigene Mitte verlegen– und ihn so wirklich als souveräne und mündige Person zu gestalten, statt ihn irgendwo im fremden Draußen zu verankern?

Schauen wir uns selbst an, geplagt von Einsamkeit und psychischem Druck, ist zu fragen, **wo die Schätze von Kultur und Bildung geblieben sind?** Sollten sie nicht in unse-

rem Inneren niederschlagen und ihre persönlichkeits-aufbauende Wirkung in uns entfalten? Sind diese **Schätze** nur in Büchern und als „Kulturangeboten" vorhanden? **Kann es sein,
dass Literatur, Theater, Malerei, Musik und Tanz bloß
„draußen" bleiben und nicht gestaltend auf uns einwirken?**

Ja, das kann offenbar Tatsache sein! Das ist auch verständlich, wenn man bedenkt, dass ein *gewaltiger Unterschied*
zwischen *Konsum* von Bildung und Kultur und der *Wirkung*
derselben besteht! Mit Wirkung ist nicht der Einfluss auf den
äußerlichen Umgang miteinander gemeint, sondern **die Motivation zur Selbst-Betrachtung des Menschen und das
dadurch wachsende Verständnis, dass Kulturschöpfungen
ihn persönlich angehen! Kultur-Erfahrung ist eine existentielle Aufgabe**, kein Zeitvertrieb – auch wenn er aus sogenannten erhabenen Erfahrungen besteht!

In der vorliegenden Arbeit möchte ich die lebenswichtige
Bedeutung der Kultur und deren ebenfalls lebenswichtige
Wirkung in zweierlei Weise hervorheben: Einerseits, am Beispiel der Kunst, zeigen, was mit der Lebenswichtigkeit der
Kultur als das Sich-selbst-Bedenken des Menschen, als An-
sich-Erinnern des Menschen philosophisch gemeint ist; andererseits aber auf die gefährliche Menschen-Vergessenheit und
die Folgen bezüglich allem, was gut und wahr ist, bis hin zur
menschen-negierenden Anschauung aufmerksam machen.

Um das Wesen und die Bedeutung der Kultur und des kulturellen Schaffens zu verdeutlichen, möchte ich im folgenden

Kapitel einer der wichtigsten Erscheinungen des menschlichen Schaffens besondere Aufmerksamkeit schenken: Der **Kunst**.

Zum Verständnis der Einzelheiten des Systems ist es notwendig, den Systementwurf in seiner Ganzheit zu betrachten. Die drei Teile sind die folgenden:

-Das System der Philosophie, Die systematische Grundlage zur Erkenntnis der Wirklichkeit und zur Bestimmung der Stellung des Menschen in ihr, Frankfurt am Main 2012 (zitiert: System I)

-Der Mensch und seine Welt: Zur Erkenntnistheoretischen Klärung der Stellung des Menschen in der Welt und der Bedingungen der Verwirklichung seiner Freiheit – das System der Philosophie II, Frankfurt am Main 2013 (zitiert: System II)

-Die Grenzen der Erkenntnis und dahinter: Zur Klärung der erkenntnistheoretischen Grundlage des religiösen Glaubens – das System III, Frankfurt am Main 2014 (zitiert: System III)

Hinzu kommen folgende systematische Ergänzungen:

-Religion, Wissenschaft und Erkenntnis der Wirklichkeit, Hamburg 2020 (zitiert: Religion)

Zum besonderen Dank bin ich meinem Sohn Jonathan verpflichtet, der mir bei der sprachlichen Gestaltung des Manuskripts eng zur Seite stand. Für die Betreuung der Publikation meines Buches möchte ich mich bei Frau Theresa Reichelt und beim Publikationsteam des „tredition"-Verlags herzlich bedanken.

I.
EINLEITUNG: ZUR WESENSBESTIMMUNG DER KULTUR

1. In der Philosophie wird Kultur oft in einen grundsätzlichen Unterschied zur Natur gestellt: Kultur steht für die menschlichen Anstrengungen, die *Natur* – die des Menschen inbegriffen – *zur Welt des Menschen* zu gestalten.

So verstanden, „bezeichnet *Kultur im weitesten Sinne* alles, was der Mensch selbstgestaltend hervorbringt – *im Unterschied zu der von ihm nicht geschaffenen und nicht verändernden Natur.* Nach der weiter gefassten Definition sind *Kulturleistungen* alle formenden Umgestaltungen eines gegebenen Materials, beispielsweise in Technik, Landwirtschaft, Essenzzubereitung oder bildender Kunst, aber auch geistige Gebilde [....] oder „Subkulturen" wie Musik, Sprachen, Moral, Religion, Recht, Wirtschaft und Wissenschaften".[3] Ergänzend zu dieser Bestimmung kommt die „Gesamtheit der von einer bestimmten Gemeinschaft auf einem bestimmten Gebiet während einer bestimmten Epoche geschaffenen, charakteristischen geistigen, künstlerischen, gestaltenden Leistungen"[4] hinzu.

---

[3] https://de.wikipedia.org/wiki/Kultur; 1.3.2021, 10:00; von mir hervorgehoben

[4] BwgAEEcQsAM6BggAEAcQHjoICAAQxwEQrwE6BQgAELEDUNA7WJtNYPGQAWgDcAJ4AIABpwKIAeoEk-gEFMS4yLjGYAQCgAQGqAQdnd3Mtd2l6yAECwAEB&sclient=gws-wiz&ved=0ahU-KEwiHosfZw4fvAhV2AWMBHY2NBB4Q4dUDCA0&uact=5; ebd.

Diese Charakterisierung geht von der Tatsache aus, dass der Mensch kein gänzliches, also reines Naturprodukt und Naturobjekt ist, sondern dass er sich als Mensch bestimmen und verstehen muss, und dabei sein Leben durch eigene Tätigkeit innerhalb des ihm vorgegebenen geschichtlichen Rahmens erst gestalten und führen muss. Die Kulturentwicklung stellt so das eigentümlichen Wesen des Menschen dar und sie verleiht diesem Wesen seinen konkreten, persönlichen Ausdruck. Das ist der Grund, warum es einen kultur-losen Menschen nicht geben kann, ja er gar nicht denkbar wäre!

Das Hauptproblem mit einer derartigen Charakterisierung der Kultur besteht darin, dass sie übersieht, dass die *„Natur"*, die dem Menschen fremdartig ist, die von ihm gebändigt, überwunden und gestaltet werden sollte, selbst *Kultur-Erzeugnis bzw. Erzeugnis der kulturellen Einstellung des Menschen* ist.

Das gilt nicht bloß für die Bilder und für die Visionen der Natur, die bewusst vom Menschen erzeugt werden und auf ihn zurückwirken (wie etwa in der Malerei oder in der Musik). Das gilt in gleichem Maß und vielleicht noch mehr dort, wo die Natur als das unabhängig vom Menschen bestehende, gewissermaßen als „Natur an sich" beschworen wird: In der *Naturwissenschaft* und zum Teil in der *Dichtung*, wie sie etwa von Hölderlin gedichtet wird.

Ausgerechnet da, wo der Mensch nur als der Schauende und Staunende auftritt, ausgerechnet da offenbart er die formende und gestaltende, ja schöpferische Kraft seines Geistes!

Eine *Natur und eine Naturlandschaft, die vom Menschen tatsächlich unabhängig ist, kann nur „die von weither und weithin existierende Schöpfung" sein*: Es ist die große göttliche Schöpfung.

Wenn also der Kultur, die im Zeichen menschlichen Schaffens und Tuns steht, etwas gegenüber gestellt werden soll oder gar muss, dann kann es nur die monotheistische Religion sein, in deren Zentrum Gott und seine Schöpfung stehen: **Die so verstandene Kultur ist durch und durch *Anthropo*-zentrisch, die monotheistische Religion durch und durch *Theo*-zentrisch!**[5]

2. *Im Zentrum der Kultur steht der Mensch. Und Kultur bedeutet die Verschmelzung des menschlichen Tuns und Schaffens mit dem Ergebnis seines Tuns und seines Schaffens.* Diese Einheit von Mensch, seinem Schaffen und seinem Tun bedeutet, dass der Mensch *Subjekt und zugleich Objekt* seines Tuns und seines Schaffens ist. Und das bedeutet wiederum nichts anderes als die menschliche Entfaltung des Individuums – als Mensch im Allgemeinen und als Individuum im Besonderen.

„Entfaltung", das heißt, das Scheinbare und das Zufällige am Individuum identifizieren und bestimmen und so *das Leben ins Wahre und Notwendige zu überführen.*

---

[5] Siehe dazu §4 dieses Kapitels

Das ist der universelle Prozess, in dem dem Individuum das ursprüngliche Ganze seines menschlichen Wesens und damit seine Wahrheit immer bewusster werden: Das ist der Prozess der Verwirklichung des Individuums. Dem Menschen ist aufgegeben, diese Verwandlung zu vollziehen, bis alles in seinem Leben **restlos wahr**, d.h. **authentisch** geworden ist.

***Jede Einschränkung von Kultur und begründeter Erkenntnis* – sei diese Einschränkung persönlich, national, ethnisch, geografisch oder sonstiger-weise geprägt – ist *dem Wesen* der Kultur und der begründeten Erkenntnis *absolut fremd*! Kultur ist ihrem Wesen nach universell!**

Konkret heißt das, dass die Gültigkeit, die Bedeutung, der Bezug und Anwendung von Kultur und begründeter Erkenntnis für jeden Menschen *genau im gleichen Maß* gelten, was in Grundsätzen wie „Du sollst deinen Nächsten lieben wie dich selbst!" und „Die Würde des Menschen ist unantastbar!"[6] zum Ausdruck kommt.

Das alles hat mit der Erstarrung von „Kultur" zum bloßen Konsumgut wenig zu tun!

In der Kultur geht es von vorneherein um eine Tätigkeit des Menschen, die an den Menschen gerichtet ist. Das Wichtige dabei ist die Tatsache, dass der Geltungswert dieser Tätigkeit *universell* ist: Dieser Geltungswert wird durch das Denken und aus dem Denken bestimmt und in ihm begründet.[7] *Der*

---

[6] Das dritte Buch Moses, 18,19; Artikel 1 des Grundgesetzes für die Bundesrepublik Deutschland

[7] Vgl. dazu System I und II

Sinn und die Aufgabe der kulturellen Tätigkeit erfüllen sich in der Erfassung des Individuums in der Ganzheit seines Lebens wie in der daraus folgenden Gestaltung dieses individuellen Lebens zu einer sinnvollen Einheit. Ihre Geltung ist in der Ganzheit des menschlichen Wesens verankert, wie es der Mensch in seiner denkerischen Tätigkeit bestimmt.

Kultur im eigentlichen Sinne kann erst in der Verbindung einer bestimmten *charakteristischen Gesamtstruktur* mit dem *authentischen Lebensausdruck des Einzelnen* möglich sein. So gesehen ist die Kultur die vollzogene Einheit von Individualismus und Vergesellschaftung, eine Einheit, die eine bestimmte Geistesart hervorbringen und aufrecht erhalten soll, einen Geist nämlich, der einerseits frei von *jeder Art* von Fanatismus und *jeder Art* von geistiger Tyrannei, andererseits aber *frei und reif* zur *Individualität* und zu der mit ihr verbundenen *Verantwortung* sein soll.

Der Sinn des Lebens eines Menschen besteht in der Erfassung und in der Gestaltung der Einheit des Lebens, in der Erhebung des Lebens über die unendliche und chaotische Mannigfaltigkeit des Daseins durch die *selbst geschaffene lebendige Einheit des individuellen Lebens.* Und genau das muss die Kultur ihrem Wesen gemäß beanspruchen, und genau darin besteht ihr Sinn: Ein individuelles Leben zu gestalten, das als Ganzheit aufgefasst wird.

3. Das Hauptproblem mit der Bestimmung der Kultur ist die Schaffung eines *einheitlichen* Kulturbewusstseins: Das ist

das Problem der *Verallgemeinerung* der Kultur. Diese Verallgemeinerung hat zwei Seiten: Zum einen die Aneignung der von den geistig Schaffenden erzeugten sogenannten Kulturgüter durch die anderen Teilnehmer der Gesellschaft, und zum anderen die Rückwirkung durch diese anderen Teilnehmer auf die geistig Schaffenden.

Eines müssen wir bedenken: *Die konkrete und wahrhaft reale Wirklichkeit ist uns nicht als an und für sich bestehende gegeben: Der Zugang zu ihr entsteht in der* **erkenntnis***schöpferischen Tätigkeit des individuellen Geistes.* Das gilt gleichzeitig für das Leben des Menschen: Der Mensch muss den Zugang zu sich selbst ermitteln. Der Ausdruck dieser Erkenntnisarbeit ist die *reine Ursprünglichkeit,* die im *Authentischen,* das heißt im Leben in Wahrheit, also im Erfassen der individuellen Lebensganzheit gekennzeichnet ist: In unserem Mensch-Sein sind wir identisch, in unserem Individuellen Dasein ist jeder ein absolut nicht nachahmbares Original.

Die obengenannte Erkenntnisarbeit hat ihren Sinn darin, dass sie *unmittelbar* im Leben des Einzelnen wirksam ist. Er erfährt dann seine eigentümliche *Aufgabe: Er hat seinen Lebenssinn zu erfüllen!* Und das tut er, indem er sich von der natürlichen Gegebenheit und von der ihm umgebenden Mannigfaltigkeit immer mehr abhebt und seine geistige Freiheit und so seine Einheit als Person verwirklicht. Und je weiter die geistige Freiheit sich durchsetzt, desto klarer wird der ursprüngliche Charakter seines individuellen Lebens.

Ist das Individuum in der Lage, seine *innere Freiheit* zu behaupten, indem es diese in einem *authentischen individuel-*

len Lebensausdruck verwirklicht, dann beherrscht es tatsächlich sein eigenes Dasein: Dann ist das potentielle Leben in ein aktuelles Leben übergegangen, dann wird der Sinn dieses individuellen Lebens erfasst und konkretisiert.

Es muss uns klar sein, dass das Leben keine Summe von Tagen ist und der Mensch keine Summe von Erlebnissen und Bewusstseinszuständen, kein „bundle of perceptions" (Hume): Sowohl das Individuum als auch sein Leben stellen eine Ganzheit dar, die *nur im authentisch geführten Leben* ihren wahren Ausdruck haben, und nur ein authentisches, wahres individuell geführtes Leben kann tatsächlich als Ganzes einen Sinn haben.

In diesem Zusammenhang muss betont werden, dass die Absicht authentisch zu sein und authentisch zu leben, keine besondere „Ausbildung" voraussetzt und mit keiner bestimmten beruflichen intellektuellen Tätigkeit verbunden ist. **Entscheidend ist die Offenheit, sich unvoreingenommen zu betrachten wie auch die Entschlossenheit und der Mut, sich auf den Weg zur Erlangung der Echtheit der eigenen Individualität zu begeben.**

4. Am Ende des Textabschnitts 1 wurde der grundsätzliche Unterschied zwischen Religion und Kultur hingewiesen. Der Grund für diesen Unterschied besteht darin, dass *im Zentrum der Kultur der Mensch und sein Schaffen als Ansatzpunkt und als Ziel* stehen, wobei *im Zentrum der Religion Gott und seine Lebens-Lehre* stehen. Der religiöse Mensch versteht die lebendige Wirklichkeit Gottes als *in jeder Hinsicht absolut*:

Gott existiert nicht bloß: Er wirkt in die Wirklichkeit hinein, die er geschaffen hat.

Im Unterschied dazu geht es in der Kultur um die geistig-schöpferische Tätigkeit des Menschen, die in einer Grundlage verankert ist, die der Mensch selbst, der Gesetzlichkeit seines Denkens gemäß[8], gesetzt hat.

Das bedeutet, dass die Grundbestimmungen der Religion wie etwa „Gott", „Offenbarung", „Schöpfung", „Sünde" usw. *auf gar keinen Fall als Produkte des menschlichen Geistes gelten können, ohne dabei ihren ursprünglichen Gehalt und ihre ursprüngliche Bedeutung und damit die Religion und den Glaubens vom religiösen Sinn zu entleeren.*

Die Religion und der religiöse Glaube beanspruchen für sich eine Geltung, die *in jeder Hinsicht absolut* ist. *Die Religion und ihre Grundbestimmungen können so nicht als Erzeugnisse der selbstständigen, spontanen Tätigkeit des menschlichen Geistes gelten.*

Aber: Durch das Bewusstsein der universellen Geltung der Kultur, die den Menschen in dem Gesamtzusammenhang der Wirklichkeit stellt, weiß der Mensch um die Begrenztheit seines Erkenntnis-Horizonts aber auch um die Begrenztheit seiner Kräfte, im Rahmen der Wirklichkeit die persönliche Vollendung zu erlangen.

So führt die Erkenntnis-Begrenztheit des Menschen ihn zur Pforte der Transzendenz! Ob er das erkennt, und wenn, ob er

---

[8] Vgl. dazu System I

bereit wäre, die Schwelle glaubensmäßig zu überschreiten, das lässt sich im Voraus nicht sagen. Jedenfalls spätestens dann, wenn der Mensch die Grenzen seiner Möglichkeit, sich bis hin zur Vollkommenheit zu entwickeln, schmerzhaft erfährt, muss er eindeutig verstanden haben, was seine Begrenztheit wirklich bedeutet: Dass **er sich als Mensch *nie und niemals* verabsolutieren, ja vergöttern darf!**[9]

---

[9] Siehe dazu

II.
PHILOSOPHIE, KUNST UND WIRKLICHKEIT

1. Der zweite Teil des Systems der Philosophie besteht in der Darlegung und in der Erörterung des ***Erkenntnis**bereichs der Kunst*. Hier geht es *nicht* darum, angebliche Methode(n) des Kunstschaffens und der Kunstbetrachtung zu beschreiben und zu legitimieren; solche erkenntnismäßige Methoden gibt es nicht. Hier geht es eher um die *Aufdeckung des Wesens der Kunst*, das *die existentielle Bedeutung des Kunst**schaffen** und des Kunst**betrachten** in sich vereinigt und zum Ausdruck bringt*.

Hier geht es darum, den Zusammenhang aufzuzeigen, in dessen Rahmen *die Rede von Kunst sinnvoll ist*. Es geht also um ***die erkenntnismäßige** Grundlage, die die Kunst als **Bereich der Wirklichkeit** bestimmt und somit die Erkenntnis, die Kunst eigentümlicher weise vermittelt, also die **Wahrheit**, die die Kunst zum Ausdruck bringt, überhaupt ermöglicht*.

In unserem Zusammenhang heißt das zu zeigen, dass *die Gesetzlichkeit des Denkens **die einzige notwendige und ausreichende Bedingung** ist, aus der die Kunst, als **Bereich der Wirklichkeit**, aber auch die gesamte Wirklichkeit für uns erkenntnismäßig begreifbar werden kann*.

Diese gesetzliche Grundlage, *diese notwendige Gesetzlichkeit des Denkens, bestimmt den gesamten Bereich der Kunst,* so dass jede einzelne bestimmte künstlerisches Werk, also *jedes einzelne Kunstwerk* (gleich zu welchem Kunstzweig es gehört) diese *gesetzliche Grundlage* **des Ganzen der Wirklichkeit notwendigerweise voraussetzen muss**.

Für das Kunstwerk bedeutet das, dass *die Gesetzlichkeit, die das Kunstschaffen bestimmt, mit der Gesetzlichkeit, die das Kunstbetrachten bestimmt, identisch* **sein muss**.

Das heißt, dass die Bestimmung dessen, was Kunst ist, kann *keinesfalls* relativ, nach persönlichem Geschmack, also *willkürlich* sein. Kunst erhebt den Anspruch, **Wahrheit** zum Ausdruck zu bringen. *Diese Bestimmung besagt, dass die* **Kunst** *und die* **Wahrheit**, *die sie zum Ausdruck bringt, Ausdruck von* **Wirklichkeit** *ist. Insofern kann die erkenntnismäßige Grundbestimmung dessen,* **was** *Kunst ist,* **keinesfalls** *dem persönlichen „Geschmack" überlassen werden.*

2. Ein ausgezeichnetes Merkmal der Erfahrung ist, wie gesagt, ihre Fragmentarität: Einmal ist es die *Fragmentarität der* **Erfahrung des Subjekts** und einmal ist es die *Fragmentarität der* **Erscheinungen in der Erfahrung**: *Einmal ist es der begrenzte Horizont eines Subjekts und einmal sind es die* Erscheinungen, die *jede für sich, als voneinander getrennt und unabhängig stehend* verstanden werden.

Diese vermeintliche Eigenständigkeit und Selbstständigkeit der Erscheinungen lässt diese Erfahrung als Inhalt des Bewusstseins eines Subjekts willkürlich, zufällig und vergänglich erscheinen. Und der Versuch, die Erfahrung durch alleinige Bezugnahme auf die Erfahrung zu verstehen bzw. zu erkennen, *muss scheitern*, denn die *Gesetzlichkeit*, die diese Erfahrung überhaupt zur *Erfahrung eines Subjekts* macht, ist *selbst nicht Teil dieser Erfahrung* und erscheint in ihr nicht, was zum Zweifel an dem Bestehen einer solchen Gesetzlichkeit führen kann.

Die Einsicht, dass die Erfahrung fragmentarisch ist, dass sie eben nur einen Ausschnitt eines Ganzen ausmacht, und dass dieses Ganze einen Kosmos darstellt, drängt zur Aufdeckung der gesetzlichen Grundlage dieser Ordnung. Die Erkenntnis der Welt besteht in der *Rationalisierung der Erscheinungen* und sie besteht in der *Aufdeckung der Beziehungen der Erscheinungen zueinander in dem weitest möglichen Zusammenhang*, was der *Verankerung in die gesetzliche Grundlage alles Wirklichen* gleichkommt.

Diese gesetzliche Grundlage ist, wie wir gesehen haben, *das Denken selbst*, dessen Gültigkeit *uneingeschränkt* ist. Damit ist aber *nicht gemeint*, dass das menschliche Denken einen „göttlichen" Verstand darstellt, sondern dass die gedanklich-begriffliche *Grundlegung* als die *Verankerung* in die genannte gesetzliche Grundlage sich *nicht* auf einzelne bestimmte Gebiete wie etwa Mathematik oder mathematische Naturwissenschaft beschränkt ist.

Alles, was als *Einheit* begriffen wird, ist nur ein *spezifischer Ausdruck der Einheit des Denkens*. Alles, was als Einheit begriffen wird, hat seinen Ursprung in **der** *Einheit schlechthin*, welche die Grundlage aller besonderen Einheiten ist. Diese einzelnen besonderen Einheiten sind jedoch nicht als einzelne Besonderheiten, d.h. nicht als einzelne selbstständige Einheiten zu verstehen. Jede dieser Einheiten bringt **die** Einheit schlechthin, also die Einheit des Denkens, zum individuellen Ausdruck. *Diese ursprüngliche Einheit des Denkens ist somit die logische Quelle **aller** Vielheit und **aller***

Vielfältigkeit, wie auch der Grund ihrer Einheit in einem einheitlichen Weltbild.

Diese Tatsache bedeutet, dass die *Notwendigkeit des Bestehens* dieser Vielheit der einzelnen, besonderen Einheiten *a priori und ausschließlich vom Begriff des Denkens aus* zu bestimmen sind. Alles, was als einzeln begriffen werden kann, sei es ein Einzelding, ein Einzellebewesen, ein einzelnes „Abstraktum" oder ein Einzelgebiet von Einzelnem, ist Teil dieser Vielheit und dieser Vielfältigkeit der einzelnen bestehenden Einheiten.

Die apriorische Begründung der **Notwendigkeit** *des Bestehens dieser Vielheit und dieser Vielfältigkeit* bedeutet, dass diese einzelnen Einheiten, gleich welcher Art sie sind, keine selbstständigen und unabhängigen Substanzen sind, die jede durch ihre eigentümliche, charakteristische Eigenart als einzelne Einheit bestimmt werden, sondern sie sind Ausdruck einer *gemeinsamen, allumfassenden Ordnung*, in der sie sich alle befinden und in der sie alle zueinander in Beziehung stehen.

Ihre wechselseitigen Beziehungen sind *nicht* das unbegreifliche Hinübergehen von Einwirkung von einem, in sich geschlossenen und zentrierten Wesen auf ein anderes solches Wesen, sondern *das Ergebnis ihrer gemeinsamen Teilnahme an der universalen Ordnung der Wirklichkeit*, eine Ordnung die diese Einheiten *konstituiert* und in deren Rahmen sie als deren integraler Bestandteil *bestehen*. Was die Vielheit und Vielfältigkeit der einzelnen Einheit im Allgemeinen betrifft, haben wir uns damit schon im ersten Kapitel dieses Teils ausführlich befasst. Hier gilt es nun, die Einteilung der Erscheinungen in bestimmte Gruppen näher zu betrachten und die Notwendigkeit dieser Einteilung zu begründen.

In unserer Erfahrung ist uns eine Mannigfaltigkeit von Inhalten und Erscheinungen gegeben. „Gegeben" ist im strengen Sinne das, was zum Bewusstsein kommt und ein bewusstes „Bild" erzeugt oder einen bewussten, konkreten Inhalt darstellt. Das bloße Gegeben-Sein des Gegebenen bedeutet hier *nichts weiter* als die Tatsache, dass wir etwas erfahren, was wir schon vorfinden, was natürlich nicht bedeutet, dass das „Gegebene" etwas vom Denken Unabhängiges ist, also für es transzendent ist.

Eigentümlich für diese Mannigfaltigkeit ist nicht bloß die Tatsache, dass sie heterogen ist, sondern, dass sich diese Heterogenität in bestimmte Gruppen einteilen lässt. Da diese Mannigfaltigkeit die Erfahrung (im Sinne von Inhalt) des Subjekts ausmacht, muss ihre Differenzierung in diese Gruppen, genau wie die Tatsache der Erfahrung selbst, *a priori* bestimmt werden.

Damit ist nicht gemeint, dass jede einzelne bestimmte Tatsache, die in der Erfahrung des Subjekts festgestellt wird, a priori festgestellt bzw. bestimmt werden kann: *Es geht hier nicht darum*, den Inhalt der täglichen Erfahrung a priori zu bestimmen („abzuleiten"), etwa um die apriorische Bestimmung der Tatsache, dass ich und gerade ich ausgerechnet jetzt einen grünen Baum sehe oder dass es in der Antarktis Pinguine gibt.

*Gemeint ist, dass **jede Tatsache**, gleich welcher Art, einer dieser Gruppen angehören **muss**.* Die systematische Bestimmung der Erfahrung und ihrer Struktur ist apriorisch. Sie stammt selbst nicht aus der Erfahrung – sie bestimmt vielmehr selbst die tatsächliche Erfahrung als solche. ***Dieselbe** gesetzliche Grundlage*, welche die Erfahrung selbst als Tatsache a priori bestimmt, bestimmt auch die Differenzierung der Mannigfaltigkeit der Erfahrung in die bestimmten Gruppen von Erscheinungen, deren Einheit die Erfahrung selbst als Einheit ausmacht und darstellt.

Die Bestimmung der Tatsache der Erfahrung ist Folge der Differenz zwischen dem *Denken überhaupt* und dem *Denken als Wirklichem*. Diese Differenz führt zu der Bestimmung des Subjekts, und die Fragmentarität des Subjekthorizonts bestimmt die Tatsache seiner Erfahrung.

*Diese Folge von Bestimmungen ist **apriorisch**, denn diese Bestimmungen folgen **ausschließlich** aus dem Begriff des Denkens.*

Die Erfahrung als a priori bestimmte Tatsache, ist selbst Ausdruck einer anderen a priori bestimmten Tatsache, nämlich Ausdruck der Tatsache der Individualität des durch das einzelne Denken als Glied der Wirklichkeit bestimmten bzw. konstituierten Subjekts, eine Tatsache, die mit dem Subjekt auch seinen begrenzten Horizont bestimmt.

Wenn wir also versuchen möchten, die Struktur der Erfahrung als Ganzes, als Einheit zu bestimmen, so müssen wir von dem Subjekt ausgehen, dessen Erfahrung in der Aufnahme des

Abstandes zwischen ihm selbst und der Wirklichkeit besteht, dessen Glied es ist.

Die bloße Tatsache des Bestehens des einzelnen Subjekts, also des einzelnen denkenden Gliedes der Wirklichkeit bestimmt von vornherein zwei Gesamtzusammenhänge oder Gesamtbereiche: Zum einen *die Sphäre des Subjekts als Subjekt und alles, was mit dem Ich als solchem verbunden ist*, und zum anderen *die Sphäre all dessen, was nicht Subjekt ist, d.h. was nicht zur Identität des Subjekts als solchem gehört, mit ihr verbunden ist und zu deren Konstituierung oder Bestimmung beiträgt.*

Diese zwei Zusammenhänge sind nicht bloß zwei sich gegenüberstehende Sphären. Es gibt hier *keine Spaltung des Weltbilds*; hier gibt es *keine Entfremdung des Subjekts – im Gegenteil*: Diese zwei Sphären werden nicht bloß in einer höheren Einheit („Wirklichkeit als Ganzes") vereinigt, sie sind auch nicht einfach komplementär. *Jede dieser Sphären bedingt die Konstituierung der Identität und der Einheit der anderen!*

Die Bestimmung der beiden Sphären ist im Grunde das, was wir am Anfang unserer Überlegungen als die „*Subjekt-Objekt-Spaltung*" bezeichnet haben. Diese ist aber *keine* Spaltung im Sinne der absoluten Trennung von zwei Faktoren, sondern, *genau im Gegenteil, Ausdruck der Identität zwischen dem Denken und seinem Gegenstand.*

Was den Abstand zwischen dem Subjekt und seiner Umwelt betrifft, so ist dieser *kein* Ausdruck einer Spaltung zwischen zwei „Welten", sondern, *genau umgekehrt, Zeichen und*

Eigentümlich für diese Unterscheidung der zwei Sphären ist die Tatsache, dass sie, obwohl sie voneinander logisch getrennt sind, sich doch teilweise überschneiden: Das Subjekt selbst, obwohl es eine durch sich selbst geprägte Sphäre des Subjekts als solches bestimmt, gehört auch der Sphäre, die *es selbst* als eine solche Sphäre bestimmt, der all das angehört, *was nicht Subjekt ist*: Wie alle anderen beobachtbaren, d.h. anschaulich feststellbaren Dinge, Lebewesen und Vorgängen, gehört auch das Subjekt als Erscheinung der Erfahrung der Gruppe von Erscheinungen an, welche die Sphäre der sogenannten *physischen beziehungsweise physikalischen Naturordnung* bestimmt. Die Angehörigkeit des Subjekts zu dieser Sphäre wird jedoch gerade dadurch charakterisiert, dass es ihr *nicht als Subjekt*, sondern *bloß als Erscheinung in Raum und Zeit* angehört, wenn auch eine von besonderer Art.

In dieser *ursprünglichen* Subjekt-Objekt-Spaltung wird die Struktur der Erfahrung nur anfänglich bestimmt. In ihr unterscheidet sich zwar das Subjekt von dem „Rest der Welt", seine eigene Bestimmung als Wirkliches, d.h. die Bestimmung seines Wesens und die Bestimmung der Art seiner Verwirklichung werden dabei jedoch noch nicht offenbart.

Diese Bestimmungen können *nur* durch die Beziehung des Subjekts *zu sich selbst* vollzogen werden. In dieser Rückbeziehung des Subjekts auf sich selbst wird die *Rationalisierung des Subjekts* vollzogen, und zwar in zwei verschiedene Richtungen: In beiden Richtungen geht es um die Rationalisierung des Subjekts als Subjekt. Das heißt, hier geht es um die Objektivierung dessen, was das Subjekt als Subjekt ausmacht und ausdrückt. Das Subjekt, von dem hier die Rede ist, ist nicht ein bestimmtes, konkretes und insofern zufällig ausgewähltes Individuum, sondern *das Subjekt schlechthin.*

In der einen Richtung handelt es sich um *die Beziehung von Subjekt zu Subjekt und um das Gebiet, das durch diese Beziehung konstituiert wird*; gemeint ist das Gebiet der **Sittlichkeit und das des Gemeinschaftslebens**. In der zweiten Richtung handelt es sich um den *Ausdruck der Subjektivität als solcher und das Gebiet, das dadurch bestimmt wird*; gemeint ist das Gesamtgebiet der **Kunst**.

Ein weiteres Gebiet entsteht durch die mögliche Beziehung des Subjekts auf etwas, das außerhalb der Grenzen der Wirklichkeit „da" ist: Es ist der mögliche Versuch, die gesamte Wirklichkeit im ersten Ursprung und im letzten Ziel zu verankern.

Damit sind die **logischen Möglichkeiten** *des Verhältnisses des Subjekts als Wirkliches zur Wirklichkeit im Ganzen* **erschöpft**.

Diese apriorische Differenzierung der Beziehung des Subjekts im Allgemeinen in die verschiedenen Arten seiner Beziehung zu den verschiedenen Arten des Wirklichen und zum möglichen Überwirklichen bestimmt die Struktur seiner Erfahrung: Die Einteilung der Erscheinungen der Erfahrung wird diese **zwangsläufig ausschließlich** als zu einem dieser Gebiete gehörend bestimmen: physische Natur, Sittlichkeit und Gemeinschaftsleben, Kunst und Religion.

Auffallend in dieser Einteilung ist *erstens* die Tatsache, dass die gesamte Gruppe der Erzeugnisse des Subjekts (außer den Kunstwerken) in ihr nicht erscheint. *Zweitens* ist die Tatsache auffallend, dass es in der Rationalisierung des Subjekts als handelndem nur um eine bestimmte Art von Handlung geht, und dass von den verschiedenen anderen möglichen Handlungen des Subjekts in dieser Einteilung abgesehen wird – und das trotz der Tatsache, dass alle diese möglichen Handlungen und die Gruppe der Erzeugnisse des Subjekts Teil der Erfahrung des bzw. eines Subjekts ausmachen. *Diese oben gezeichnete Einteilung ist jedoch trotzdem logisch notwendig und logisch erschöpfend.*

Was die Notwendigkeit dieser Einteilung betrifft, so haben wir uns damit schon befasst. Um die Tatsache zu verstehen, warum diese Einteilung vollständig ist, müssen wir einsehen, dass sie *keine empirische Sortierung oder Klassifizierung von Erscheinungen*, sondern **die logische Folge der apriorisch bestimmten deduktiven Struktur der Erfahrung** ist, *wie sie* **durch die apriorisch bestimmte deduktive Struktur der Wirklichkeit insgesamt bestimmt** *wird*.

All die Erzeugnisse des Subjekts (außer den künstlerischen Darstellungen) sind Produkte, die auf Grund von *schon erworbenen Erkenntnissen* entstanden sind, d.h. sie sind Produkte von einem *schon bestehenden Verhältnis* des Subjekts zu einem der möglichen Objekte der Grundspaltung Subjekt-Objekt (Natur, Sittlichkeit und Gemeinschaftsleben, Kunst und Religion). *Diese Produkte setzen*, mit anderen Worten, *die Wirklichkeit und ihre logische Struktur voraus*: Sie sind *als Produkte vollkommen verständlich oder logisch durchsichtig* und gliedern sich vollkommen in das Gefüge der Beziehungen der Wirklichkeit und in sie ein, und *insofern stellen sie vom Standpunkt der Erkenntnis aus von vornherein kein Problem dar.*

Es lässt sich also in ihnen keine weitere Gesetzmäßigkeit erkennen, die nicht mit einer der Gesetzmäßigkeiten, die wir auf einem der erwähnten Gebiete feststellen können, identisch ist.

Ähnliche Überlegungen gelten auch für die zweite hier genannte Gruppe von Handlungen bzw. Tätigkeiten des Subjekts. Die Handlungen, von denen in der apriorischen Struktur der Erfahrung die Rede ist, sind solche, die *zur **Selbstverwirklichung des Subjekts** – diesmal als die uns bekannte menschliche Person – von Relevanz sind,* während **alle anderen** *Handlungen schon diese Person als handelnde Entität voraussetzen.*

Mit anderen Worten: *Alle anderen Handlungen oder Tätigkeiten haben **gar keine Relevanz** für die Verwirklichung des Subjekts – weder als bloßes Subjekt noch als Person, sie setzen vielmehr schon die Person als Ziel setzende Instanz voraus.*

Wir können also zusammenfassend sagen, dass *diese zwei oben genannten Gruppen die Wirklichkeit und ihre logische Struktur voraussetzen,* und insofern können sie nicht in der a priori bestimmten Einteilung der Arten der Grunderscheinungen der Erfahrung des Subjekts vorkommen. Sie sind also

nicht ursprünglich, sondern sekundär in ihrer erkenntnismäßigen Bedeutung.

3. Wir haben von der Einteilung der Erscheinungen, die in
der Erfahrung auftreten, in vier Grundgruppen gesprochen
und sie begründet (1. Naturerscheinungen, 2. der Mensch und
sein Handeln, 3. Erscheinungen der Kunst und 4. Erscheinungen der Religion). Diese vier Gruppen bestimmen die vier
Teile des Systems der Philosophie (1. Naturerkenntnis, 2. philosophische Anthropologie, Ethik, politische Philosophie,
Geschichtsphilosophie; 3. Philosophie der Kunst; 4. Philosophie der Religion).

Das Problem der Philosophie als System besteht nicht einfach darin, die Eigentümlichkeit dieser Gruppe von Erscheinungen zu begründen, sondern hauptsächlich in der *Vereinigung* derselben: *Das System muss den Zusammenhang aller
Erscheinungen der Welt in ihrer gesetzlichen Grundlage aufdecken.* Die Einteilung der Philosophie in Disziplinen (Glieder des Systems) wird durch die Gesetzmäßigkeit des Zusam-
menhanges bestimmt, die wir im Gegebenen aufdecken. Die
Einordnung dieser Disziplinen in das System der Philosophie
soll ihre Eigenart begründen und gleichzeitig zeigen, dass die
Einteilung der Philosophie in die verschiedenen Disziplinen
nicht subjektiv, sondern *objektiv* bestimmt ist.

Philosophie im *echten* Sinne ist *immer* eine einheitliche,
umfassende und universelle Erkenntnis der Welt als Kosmos.
Die gesamte Philosophie steht also im Zeichen des Erkennt-

nisproblems. Alle Inhalte, die dem Subjekt gegeben sind, stellen für es ein Problem dar: das Problem der Erkenntnis dieses Gegebenen.

*Der Begriff der Philosophie fordert die endgültige Einheit der Erkenntnis, weil er auf **Wahrheit** gerichtet ist.* Er ist auf *die* Wahrheit gerichtet und nicht auf irgendeine unbestimmte Vielheit von „Wahrheiten".

Nur die Forderung der *einen* Wahrheit kann die *Einheit der menschlichen Erkenntnis* und somit die Einheit der Philosophie überhaupt gewährleisten. Ein philosophisches System ist in dieser Hinsicht ein umfassendes Erkenntnissystem. *Da das ursprüngliche Ziel der Philosophie Wahrheit ist, wird es deutlich, dass Philosophie notwendigerweise Erkenntnistheorie ist.* Es ist so, weil ihre Bestimmungen, gleich, ob sie in Bezug auf die Natur, auf den Menschen und sein Handeln oder auf eine andere Erscheinung getroffen werden, ***immer wahr sein müssen, wenn sie als wirklich erkannt werden***.

Die ursprüngliche Aufgabe der Philosophie besteht nun darin, die Konstitution und die Einheit aller Erscheinungsbereiche zu begreifen. Die Erfüllung dieser Aufgabe ist von der Beantwortung der zwei folgenden Fragen abhängig: *1.* Welche ist die gesetzliche Grundlage, die Erkenntnis überhaupt möglich macht? und *2.* Was bestimmt die Entfaltung der Erkenntnis in den verschiedenen Geltungsbereichen der Disziplinen der Philosophie?

Das Verhältnis zwischen der gesetzlichen Grundlage, der Differenzierung und der Einheit der Erkenntnis kann *nur dann* begründet werden, wenn die ursprüngliche Gesetzlichkeit, die *gesetzliche Grundlage aller Gesetzlichkeit*, der Logos der Welt aufgedeckt wird. Dieser Logos macht die Welt zum Kosmos und er vereint alles in einem *Bewusstsein einer Welt*.

Gesucht wird ein fester Punkt, von dem aus man die erkenntnismäßige Erklärung des Weltinhalts gewinnen kann, eine Erklärung, die das Charakteristikum einer allgemeingültigen und notwendigen Erkenntnis der Wirklichkeit und ihrer Struktur trägt. Wir haben im *Denken* diese Grundlage gefunden, die durch sich selbst besteht; *das Denken können wir, wie wir schon gesehen haben, durch es selbst erfassen.*

Was das für die Erkenntnis bedeutet, das haben wir schon gezeigt: Ohne Voraussetzung der Gültigkeit des Denkens und der seiner Bestimmungen kann von keiner Natur, von keiner Sittlichkeit, von keiner Kunst, von keiner wahren Religion und überhaupt von keiner Kultur die Rede sein. Das heißt, *die Grundlegung alles Wirklichen in den Logos **macht es erst möglich**, die Wirklichkeit als **wahre** Wirklichkeit überhaupt anzuerkennen.*

Das Bestehen der oben genannten Gebiete ist von der Erkenntnis dieser Gebiete abhängig und durch sie gesichert, was bedeutet, dass *diese Gebiete nur unter der Voraussetzung der Gültigkeit der Erkenntnis überhaupt möglich sind.*

Die Einteilung des systematischen Ganzen der Wirklichkeit und somit des systematischen Ganzen der Erkenntnis in verschiedene Gebiete ist *nur dann möglich, wenn die Einheit der Erkenntnis zu Grunde gelegt,* d.h. *wenn die systematische Beziehung aller Glieder des Ganzen zum Ganzen vorausgesetzt ist.*

In allen Disziplinen gilt es, Erkenntnisse zu erwerben, die dadurch vereinigt werden, dass sie in der einen einheitlichen, gesetzlichen Grundlage, also im Denken verankert sind. Für die Erkenntnisse aller Disziplinen bedeutet dies, dass für sie alle *theoretische* Gültigkeit *notwendig konstitutiv* ist.

Sollten in der Ethik, der Philosophie der Kunst usw. auch andere Gesichtspunkte als die der Erkenntnis von Bedeutung sein, *dann* können sie dies *nur* in Bezug auf eine erkenntnistheoretische (epistemologische) Bestimmung dieser Bedeutung haben. Mit anderen Worten: Der rein theoretische oder rein logische Erkenntnisgehalt betrifft nicht bloß die so genannten „theoretischen Gebiete" (hauptsächlich Mathematik und mathematische Naturwissenschaften), sondern er gilt auch für die übrigen Gebiete der Erkenntnis der Wirklichkeit, denn sie selbst stellen, als spezifische Gebiete der Erkenntnis der Wirklichkeit, jeweils theoretische Teilordnungen der Urgesetzlichkeit dar.

Die Vereinigung dieser Teilordnungen bedeutet jedoch *nicht*, dass die verschiedenen Arten der Gesetze und der Inhalte in ihrer Verschiedenheit aufgehoben und in eine neue Art von Gesetz oder Gesetzlichkeit und Inhalt verwandelt werden müssen. *Im Gegenteil*: Ihre Verschiedenheit kann gar nicht aufgehoben werden, denn sie ist ihrer Natur nach *logisch*. Die Sonderung der vier Gruppen von Erscheinungen und die Darstellung ihrer charakteristischen Gesetzlichkeiten dient ihrer *Grundlegung* auf einer gemeinsamen gesetzlichen Grundlage: Diese Gebiete sind nur Teile einer umfassenden Einheit, d.h. nur Ausschnitte aus einem systematischen Ganzen. Dieser systematische Zusammenhang der Gebiete ist in

jedem einzelnen Gebiet zu erkennen, und die Erkenntnisbe-
mühungen in jedem einzelnen Gebiet werden uns *immer und
immer wieder* auf das Denken als systematische gesetzliche
Grundlage zurückführen.

Das heißt, *eine **echte** philosophische Erkenntnis eines Ge-
biets wird sich **immer und notwendigerweise** als unvollstän-
dig erweisen und **zum System drängen**.*

Die Einteilung der Wirklichkeit als systematische Einheit
in Einzelgebiete, welche die Objekte der Philosophie bzw. der
philosophischen Erkenntnis ausmachen, bestimmt die *systematische Natur der Erkenntnis*. Die Erkenntnis wird somit
durch das Denken selbst bestimmt und das heißt, dass sie unter den Aspekten der *Einheit, der Differenzierung und der logischen Determination* bestimmt wird.

Diese Aspekte der Bestimmung der Erkenntnis können *nur
systematisch* bestimmt werden, d.h., sie können *nur aus dem
Begriff des Denkens* überhaupt bestimmt werden. Denn die
Einheit der Erkenntnis fordert Selbstbestimmung, was nur in
der Selbstbestimmung des Denkens bestimmt werden kann.
Die Differenzierung der Erkenntnis fordert Selbstentfaltung,
was nur durch die und in der Selbstentfaltung des Denkens
bestimmt werden kann.

Die logische Determination der Erkenntnis, d.h. ihre Me-
thode oder methodische Leitung fordert *Gesetzmäßigkeit*, was
nur durch die Gesetzmäßigkeit des Denkens bestimmt werden
kann. *Diese **Selbstbegründung**, die **Selbstdifferenzierung**
und die **Selbstgesetzlichkeit** der Erkenntnis werden durch das*

Denken selbst bestimmt und es wird selbst durch diese Bestimmungen als Denken charakterisiert.

Daher ist Philosophie eine Epistemologie oder umfassende Erkenntnistheorie: *Das Denken entfaltet seinen Inhalt gesetzmäßig und somit erkenntnismäßig. Diese Objektivierung des Denkens konstituiert die Wirklichkeit, und da das Denken selbst, als Glied dieser Wirklichkeit, das Subjekt bestimmt, bestimmt es auch die sogenannte Spaltung zwischen Subjekt und Objekt.* Und nach den verschiedenen möglichen Objekten in dieser Spaltung werden die verschiedenen Richtungen der Erkenntnis bestimmt.

Diese Bestimmung der Richtungen der Erkenntnis bedeutet zugleich *die Begründung der Erkenntnis selbst im Denken o*der die Selbstbegründung der Erkenntnis. Mit der *Begründung der Erkenntnis der Wirklichkeit* und mit dem Vollzug des Systems ist das logisch-systematische Philosophieverständnis bestätigt.[59]

II.1. ZUR BESTIMMUNG DER PHILOSOPHISCH-SYSTEMATISCHEN BETRACHTUNG VON KUNST

1. Das Nachdenken über *Ursprung, Sinn und Eigentümlichkeit der Kunst* ist vermutlich so alt wie die Kunst selbst. Das Wort „Nachdenken" will hier dreierlei zum Ausdruck bringen.

Erstens will es die Tatsache zum Ausdruck bringen, dass Kunst als etwas Vorgegebenes verstanden wird, das schon vor dem Denken über Kunst bestand. *Zweitens* drückt das Wort „Nachdenken" das, was aus dem ersten Punkt folgt, also dass Kunst nicht das Produkt bewusster denkerischer Tätigkeit ist. Das heißt, das künstlerische Schaffen ist keine bloß mechanische Produktion der Kunstwerke: Im künstlerischen Schaffen vollzieht sich eine Bestimmung, die sich dem Willen, den Absichten und den Zielen des Künstlers entzieht. Und *drittens* will dieses Wort die Tatsache hervorheben, dass dieses Gegebene für das Denken ein Problem darstellt, das seine Lösung fordert.

Worin soll nun dieses Nachdenken über Ursprung, Sinn und Eigentümlichkeit der Kunst bestehen, so dass der Problem-Charakter der Erscheinungen der Kunst als aufgehoben betrachtet werden kann?

Mit dieser gestellten Frage wird eine klare Trennung zwischen zwei Arten der Betrachtung und Beurteilung von Kunst vollzogen. Die erste Art besteht in der Regelung der „inneren Angelegenheiten" innerhalb des Bereichs der ***institutionalisierten Kunst***. Hier geht es um die Anwendung von Prinzipien und Entscheidungs- und Auswahlkriterien, die die *öffentliche*

Erscheinung eines Kunstwerks bzw. einer Gruppe von Kunstwerken „legitimieren" sollen, wobei die Motivation zu derart Legitimation oft aus Zwängen und Umständen stammt, die mit Kunst im eigentlichen Sinne nicht viel zu tun haben. Problematisch dabei ist jedoch die Tatsache, dass diese Art von Legitimation das Erscheinungsbild und den gängigen Begriff von Kunst prägt und gar bestimmt.

Die zweite Art der Betrachtung von Kunst hat mit solchen „ästhetischen Normen" nichts zu tun. Sie besteht vielmehr darin, dass *die Kunst insgesamt in Beziehung zum **Wirklichkeitsganzen** und somit zur **Wahrheit*** setzt. Nur auf dieser Ebene lässt sich mit Sinn fragen, ob Kunst etwas zum Ausdruck bringt, *das **in keiner anderen Weise** zu unserem Bewusstsein gelangen kann,* also ob *Kunst ein **autonomer** Bereich* sei.

Hier geht es also nicht darum, einzelne Kunstwerke als „einmalig" und insofern als „legitimiert" zu bestimmen, sondern vielmehr darum, ob die Kunst und somit die einzelnen Kunstwerke den Anspruch erheben darf bzw. dürfen, dem Geltungsbereich der Wahrheit anzugehören.

Diese Frage nach der *Wahrheit* der Kunst im Allgemeinen und in der Kunstwerken im Besonderen, also die Frage, inwiefern Kunst als *wirklichkeitsbezogen* und nicht bloß als Fiktion – wenn auch eine schöne – betrachtet werden kann, diese Frage wird durch die Regelung der „inneren Angelegenheiten" innerhalb des Bereichs der *institutionalisierten* Kunst *gar nicht* berührt: Die Kunst und ihre *öffentliche Institutionen* haben *nicht einmal das Mittel*, diese Fragen *allgemeingültig* zu formulieren.

Auch der Versuch, Kunst als „Deutung der Wirklichkeit", „Beschreibung der Wirklichkeit" und dergleichen zu bestimmen, ändert nichts an dieser oben genannten Tatsache. Denn um das Wesen der Kunst so zu bestimmen, *müsste zunächst der Begriff der Wirklichkeit, dann der Begriff der Kunst und dann die Beziehung der beiden zueinander geklärt und bestimmt werden*, bevor man überhaupt in der Lage wäre, die Frage zu stellen, inwiefern Kunst die Wirklichkeit „deutet", „beschreibt", „erhellt" oder „abbildet".

Der Versuch, den Status der Kunst insgesamt zu bestimmen, und damit als Folge den Status der einzelnen Kunstzweige und den der einzelnen Kunstwerke, das kann **nur** *mit philosophisch-systematischen Mitteln* vollzogen werden, was an sich zwar Abstand von den unmittelbaren Erscheinungen der Kunst, also die Kunstwerke bedeutet, ein *Abstand jedoch, der durch diese Erscheinungen selbst diktiert ist.*

Wie wir sehen, ist *der unmittelbare Kontakt mit dem Kunstwerk nicht nur nicht überflüssig, sondern sogar notwendig für das Verständnis seines Wirklichkeitsbezugs.*

2. Die erste und überhaupt die gängigste Art der Betrachtung der Kunst sieht die Kunstwerke als geschlossene Gegebenheiten, die von dem Moment an, wo sie die Hand des Künstlers verlassen haben und von ihm als fertig bestimmt worden sind, in ihrem Wesen unveränderlich sind und in insofern in einer Art Autarkie ruhen.

Das Kunstwerk erscheint so als eine anschaubare Vollkommenheit, gewissermaßen als eine absolute Einheit. Das Kunstwerk erscheint mit anderen Worten als „auf einmal" gegeben, als eine Instanz, die insgesamt nicht nur mit den Augen oder mit den Ohren, sondern auch mit dem Denken erfasst werden kann, eine Instanz, deren Bestimmtheit Ausdruck der Gesetzlichkeit des Bestehens eines Kunstwerks überhaupt ist.

Diese Betrachtungsweise setzt zwar das Kunstwerk in historischen und gesellschaftlichen Zusammenhänge, vergleicht es eventuell mit anderen Kunstwerken, um seine „Besonderheit" oder seine „Gemeinsamkeiten" mit ihnen festzustellen. Das alles aber geschieht, um *den Hintergrund zu (re)konstruieren*, der das Verständnis des einzelnen Kunstwerks, oder genauer gesagt, *das Verständnis des äußerlichen Erscheinungsbilds dieses Kunstwerks* zu ermöglichen.

Das heißt, das einzelne Kunstwerk wird auf jeden Fall als die maßgebende Instanz für dessen Verständnis betrachtet. Das ist auch der Grund, warum es hauptsächlich die einzelne Kunstwerke sind, die „interpretiert" werden bzw. Objekte der sogenannten Kunstkritiken werden können.

Die Gründe, warum man das Kunstwerk so betrachtet, sind verschieden, bestehen aber in der ***Verabsolutierung von bestimmten Eigenschaften*** des Kunstwerks.

Zunächst ist es die Tatsache, dass *jedes Kunstwerk als einzigartig und als in sich geschlossenes Gebilde* erscheint. Jedes Kunstwerk erscheint als eine neue und einzigartige Darstellung, was ihr Bestehen begründet und rechtfertigt: Mit jedem Kunstwerk beginnt die Kunst gewissermaßen „von Neuem".

Zum zweiten ist es die Tatsache der *End-Gültigkeit der künstlerischen Darstellung*: Wird ein Kunstwerk fertiggestellt, gewinnt es von diesem Moment an Unabhängigkeit und Eigenständigkeit, eine Art „eigenes Leben", dass die Ansichten und die Ziele des bzw. der schaffenden Künstler *vollkommen irrelevant* für das Bestehen und für die Deutung des Kunstwerks als Werk der Kunst sind.

Und *zum dritten* ist es die Tatsache, dass die meisten Betrachter sich *auf die Gegenständlichkeit bzw. auf das Erscheinungsbild des Kunstwerks und auf dessen Gefüge der Farben, Klänge, Linien, Worte, Bewegungen und dergleichen.* konzentrieren. Das heißt, der durchschnittliche Betrachter richtet seine Aufmerksamkeit auf das *Sinnbild* und wie es im Werk dargestellt ist.

Mögen die Gründe für die „Autarkie" des Kunstwerks diese oder jene sein, dessen *Autarkiecharakter ist jedenfalls fiktiv*. Es gibt zwei mögliche Richtungen der Betrachtung des Kunstwerks, wo es als autark und gewissermaßen absolut in seinem Erscheinungsbild auftritt – in beiden Fällen bleibt aber vom Kunstwerk als Werk der Kunst nicht viel übrig.

In der einen Richtung wird das Kunstwerk **ausschließlich als Produkt subjektiver Gefühlsausbruch** der *Person* betrachtet, die es geschaffen hatte. In diesem Fall steht das geschaffene Werk von jedem möglichen Zusammenhang losgelöst – es ist „einmalig" und „absolut" und als solches ruht es tatsächlich in seiner „Autarkie". Für denjenigen aber, der dieses Werk nicht geschaffen hat, kann es gar keine *verbindliche Aussage* und so auch gar keine *verbindlichen Bedeutung* haben. Denn wenn es **ausschließlich** *als Produkt* **subjektiver Gefühlsausbruch** *verstanden* wird, ist dessen Gehalt *gar nicht vermittelbar* und es muss so angenommen werden, wie es eben ist, also ohne in der Lage zu sein, den Anspruch zu erheben, *etwas Allgemeingültiges auszusagen.*

In diesem Fall ist das Werk aber *auch für denjenigen, der es geschaffen hat,* von jedem verbindlichen Zusammenhang völlig losgelöst, d.h. *er selbst hat keine Möglichkeit, dieses Werk auf* **sich** *zu beziehen*: Es kann für ihn gar keine verbindliche Bedeutung haben, denn als **bloßes Produkt des subjektiver Gefühlsausbruch** entbehrt dieses Werk des Moments der *Objektivität*, der ihm ermöglicht hätte, dieses Werk erstens **überhaupt** *als Gefühlsausdruck* zu bestimmen und zweitens *als* **seinen eigenen** *(des Künstlers)* **Gefühlsausdruck** zu betrachten.

Das heißt, *in diesem Werk fehlt* **jeglichen** *Moment der* **Objektivität**, der ermöglichte, das so verstandene Kunstwerk *dem* **eindeutigen, verbindlichen** *Ausdruck* **eines identischen Ichs** *zuzuschreiben, das* **als solches objektiven Bestand** *hat.*

In der zweiten Richtung wird das Kunstwerk dadurch verabsolutiert, dass man es *ganz „objektiviert"*: Es wird als *bloßer Träger einer objektiven Bedeutungseinheit* betrachtet. Diese Art der Betrachtung führt uns dazu, zwischen der bloß „ästhetischen Seite" und der „inhaltlichen Seite" des Kunstwerks zu unterscheiden.

Diese „Bedeutung" wird hier als rein begrifflicher Gehalt betrachtet, den man bei der „ästhetischen Beurteilung" oder beim „Genuss" des Werks außer Acht lassen muss, um diese vermeintliche Bedeutung nicht zu verfälschen. Man wird hier eigentlich genötigt, die *künstlerische Qualität des Werks als einen äußeren „Umschlagstoff" des begrifflichen Inhalts des Werks* zu betrachten. Hätte dieses „ästhetischen Umschlagstoff" an sich objektive Bedeutung, müsste es als Teil des objektiven begrifflichen Gehalts des Werks gelten, was das ursprüngliche Verständnis des Kunstwerks nicht in Einklang stehen können oder diesem gar widersprochen.

Das Kunstwerk wird aber so zu einer hoffnungslosen Angelegenheit: Es ist ***per definitionem** die **rein äußerliche Erscheinung**, die **nur noch sich selbst** bedeutet*, hat also *gar keine Bedeutung*. Die Folge ist, dass *das **so genannte** Kunstwerk **als solches** seine Bedeutung verliert und durch eine **„Theorie"** über seine **vermeintliche Bedeutung** ersetzt* wird bzw. *ersetzt werden muss*.

Dieses „durch eine Theorie oder gar durch eine Philosophie ersetzt werden" ist übrigens in der so genannten modernen Kunst stark verbreitet. In ihr sind die Absichtserklärungen des Künstlers, seine Weltanschauung und Ziele für das Verständnis seiner künstlerischen Arbeit so wesentlich, dass diese Arbeit selbst eigentlich überflüssig ist. Und ihre eigentliche Bedeutung scheint darin zu bestehen, dass sie Anlass für politische, gesellschaftliche oder sonstige Selbsterklärung und insofern Selbstdarstellung des Künstlers ist. Die Gefahr dabei besteht darin, dass dabei die Kunst letztlich zur Pflege und Selbstbestätigung des Künstlers missbraucht und etwas ins

Zentrum der Kunst rückt, was mit Kunst im eigentlichen Sinne nicht viel zu tun hat.

Wenn wir uns hier gegen die mögliche Verabsolutierung des einzelnen Kunstwerks wenden, so wollen wir damit betonen, dass das Kunstwerk seinen Zweck nicht bloß in sich selbst hat, d.h., dass es nicht etwas ist, das bloß sich selbst bedeutet, und zwar in dem Sinne, dass es sich selbst als in sich vollendetes Ganzes umfasst.

Ein echtes Kunstwerk stellt zwar keine additive Summe von Teilen dar, die beliebig zusammengesetzt, weggelassen oder ersetzt werden können. *Ein echtes Kunstwerk wird als ein einheitlich strukturiertes Gebilde, als umfassend und simultan erfasst;* **es verweist aber trotzdem auf etwas außerhalb von sich selbst.**

Dieses „auf etwas außerhalb von sich selbst verweisen" (Gerichtet-Sein) ist eigentlich die **Verwirklichung** *des Kunstwerks durch den Betrachter*, wobei das „Verwirklichen" in diesem Zusammenhang nichts anderes ist als *die Erfassung des Wirklichkeitsbezugs des Kunstwerks* und somit *die Erfassung der* **existentiellen** *Bedeutung des Kunstwerks für den Betrachter.*

Mit dieser *philosophisch-systematische* Bestimmung ist auch der *philosophisch-systematische* Grund dafür gegeben, warum das Kunstwerk nicht autark ist und nicht sein kann: Es bedarf nämlich *des Betrachters*, um überhaupt als *Kunstwerk* verwirklicht zu werden, aber auch dann bedarf es für die Bestimmung seiner *Kunstmäßigkeit* – und darin besteht seine Verwirklichung – des **Bezugs auf das Wirklichkeitsganze.**

3. Eigentümlich für das *echte* künstlerische Schaffen ist die Tatsache, dass in ihm eine *Verwandlung* stattfindet, in *der ein Individuum etwas **allgemein Gültiges** dadurch herstellt, dass es dabei **selbst als Subjekt** tätig ist.*

***Echte Kunst** steht von vorneherein in der **Verwandlung des Individuellen oder subjektiv Persönlichen des Künstlers in die Darstellung des Wesentlichen des Individuums als solchem im Kunstwerk**.*

Das heißt, *im echten künstlerischen Schaffen dringt man einerseits zum Wesen der Subjektivität vor, was das Individuelle im Ausdruck des Künstlers gewissermaßen aufhebt,* andererseits *aber wird das Individuelle oder das subjektiv Persönliche im künstlerischen Ausdruck erhalten, und zwar so, dass das Allgemeine gerade an ihm als empirisch zufällige Tatsache fixiert wird.* Wie kommt aber diese Beschaffenheit des künstlerischen Schaffens konkret zum Ausdruck?

Im Kunstwerk, dem Produkt des künstlerischen Schaffens, muss man zwischen dem *Relativen* und dem *Absoluten* unterscheiden. Das Relative ist der Stoff des Kunstwerks im allgemeinsten Sinne des Wortes. Dieser Stoff besteht in den im Kunstwerk erscheinenden Gegenständen, Figuren, Klänge, Farben, Worten, Bewegungen und dergleichen mehr. „Relativ" bedeutet in diesem Zusammenhang zweierlei: Erstens, dass das Relative durch außerkünstlerischen Umstände wie Ort und Zeit wie auch durch ständig wechselnde Erfahrung des Künstlers bestimmt wird. Und zweitens bedeutet es, dass es eben *nicht* die oben genannten Faktoren an sich sind, die unser Interesse am kunstwerk wecken und uns an ihm fesseln.

Was unser Interesse am Kunstwerk weckt und was uns an ihm fesselt, ist *das Absolute an ihm*: Es ist *der **Sinngehalt** des Werks, der in dem im Stoff enthaltenen **Kunstmäßigen** zum Ausdruck kommt.*

Der Ausdruck „absolut" will hier nicht nur *„allgemeingültig"* besagen, sondern er will auch das *„End-Gültige"* betonen, d.h. die Tatsache, dass der genannte Sinngehalt nicht durch das Relative am Werk relativiert wird.

Worauf es beim Kunstwerk ankommt, ist die ***Gesetzmäßigkeit** seines Schaffens* und dessen ***Verwirklichung** bei der Betrachtung des Werks.* Nicht darauf kommt es an, welche Umstände, Gegenstände, Anschauungen und dergleichen es sind, von denen der Künstler ausgeht bzw. ausgegangen ist, sondern es kommt *nur* darauf an, *welchen Sinngehalt er in welcher Weise darstellt.*

Der *Kunstwert* eines Kunstwerks liegt nicht in dem Stoff (siehe oben), sondern in der *Behandlungsweise* des Stoffs durch den Künstler: Er kann seinen Stoff so gestalten, dass dieser Stoff nur noch er selbst bedeutet. Seine Arbeit wird aber in diesem Fall nur in dem Maß und in dem Sinne „künstlerisch" sein, als sie *äußerlich* wie ein Kunstwerk aussieht.

Der Künstler kann aber – und nur dann verdient er eigentlich den Namen „Künstler" – seinen Stoff so gestalten, dass bei seinem Werk vom Stofflichen abgesehen wird, ja das Stoffliche am Werk gewissermaßen vergießt und das Gesamtinteresse auf den Sinngehalt des Werks richtet.

Dieser Unterschied bestimmt die *Art der Gesetzmäßigkeit der Gestaltung des Stoffes.* Es ist *die spezifische, der Kunst eigentümliche Gesetzmäßigkeit*, die eine Erscheinung von bloß sinnlicher Gegebenheit zum Kunstwerk erhebt, und zwar *als* **Ergebnis menschlicher schöpferischer Aktivität**, die ein bestimmtes Material im allgemeinsten Sinne des Wortes so gestaltet, dass *es* **die Signatur der Wahrheit** *in sich trägt*, was in der *Unwiederholbarkeit* des Werks zum Ausdruck kommt.

Etwas drängt vom Tiefen des **künstlerisch schaffenden Subjekts** *heraus, um durch den* **betrachtenden Subjekt** *verinnerlicht und angeeignet zu werden.*

Die Tatsache, dass das Wesentliche im Kunstwerk durch die Gesetzmäßigkeit seines Schaffens bestimmt wird, bedeutet jedoch noch nicht, dass diese positiv als Regel beschrieben werden kann, die den Prozess des künstlerischen Schaffens im Voraus bestimmen und leiten kann.

Die *Gültigkeit* dieser Gesetzmäßigkeit können wir nur *im Nachhinein*, also am Ende des Prozesses des Schaffens, nämlich am fertigen Kunstwerk erkennen. Das heißt, *dieser Schaffensprozess wird nicht bewusst gesetzmäßig bestimmt und geleitet.* Es gilt als Tatsache, dass dieser Prozess sich vollzieht; jedoch nur von dem Moment an, wo das Kunstwerk die Hand des Künstlers verlassen hat, gilt diese Gesetzmäßigkeit *für allen: Dann bestimmt sie auch die gültige, eben gesetzmäßige Betrachtung des Kunstwerks, also dessen Verwirklichung als Werk der Kunst.*

Die Genialität des Künstlers besteht darin, dass er ohne bewusste Anwendung von a priori geltenden und gültigen Regeln ein gegebenes Rohmaterial – Farbe, Klang, Wort, Bewegung und dergleichen mehr – so gestalten kann, dass daraus ein Objekt entsteht, das *trotz seiner einmaligen persönlich-subjektiven Prägung doch* **universelle Bedeutung** *hat*, die im Sinngehalt dieses Objekts – jetzt ein Kunstwerk – zum Ausdruck kommt.

Auf dem ersten Blick scheint es so zu sein, als ob die Produkte der kreativen Kräfte und der Phantasie des Künstlers in einem krassen Gegensatz zu jeder Art allgemeingültiger Darstellung stünden. Der Kern der Sache besteht jedoch darin, dass *gerade die* **künstlerische Art der Darstellung** *die* **einzige** *ist, die* **die Wahrheit in der Subjektivität und überhaupt die Wahrheit der Subjektivität** *offenbaren kann*, auch wenn wir nicht in der Lage sind, künstlerische „Produktionsregeln" zu formulieren.

Der Kern der Sache besteht also darin, dass *der künstlerische Schaffensprozess wie die Betrachtung von Kunstwerken* nichts anderes ist, als eine bestimmte Art der *Wirklichkeitsfindung* – und damit der *Selbstfindung* –, die aber *nur* mit den Mitteln der Kunst vollzogen werden können.

Kunst bedeutet also nicht bloß Abbildung einer im Voraus gegebenen Wirklichkeit, sondern sie stellt einen *Weg* dar, der uns zur *objektiven Erfassung der Subjektivität im Allgemeinen und der persönlichen Subjektivität im besonderen* führt: *Kunst offenbart und ent-deckt Wirklichkeit, und zwar auf eine Weise, die für sie eigentümlich ist.* **Hier** *ist die Eigenständigkeit, Eigentümlichkeit und Autonomie der Kunst* begründet.

4. Wenn wir nun versuchen herauszufinden, wo alle Fäden, die wir hier beschrieben haben, zusammenlaufen, werden wir

zu einer *philosophisch-systematischen* Grundbestimmung geführt, die wir schon einmal berührt haben: *Im Kunstwerk findet eine Verwandlung statt, in der ein Individuum etwas Allgemeingültiges herstellt, und zwar dadurch, dass es selbst als Subjekt tätig ist.*

Diese Verwandlung besteht darin, dass in der Persönlichkeit des Künstlers selbst, *gleich wodurch* veranlasst, *etwas Ursprüngliches* erfasst und geistig verarbeitet wird, dessen Entfaltung insgesamt in der Darstellung des *Wesentlichen der Subjektivität im Kunstwerk* ihre Erfüllung findet.

Im Kunstwerk als Produkt eines empirisch zufälligen Individuums offenbart sich dem betrachtenden Subjekt, das wiederum ein empirisch zufälliges ist, die Wahrheit in seiner Subjektivität und überhaupt die Wahrheit der Subjektivität.

Damit erzeugt der Künstler eine *Beziehung des eigenen, **persönlichen Subjektiven** wie auch des **persönlichen Subjektiven** des Betrachtenden des Kunstwerks zur **Wirklichkeitsordnung** in ihrem weitesten Zusammenhang.*

Hier, in diesem großen Zusammenhang ist auch die *existentielle Bedeutung* der künstlerischen Darstellung sowohl für die schaffende Person als auch für die betrachtende Person begründet. Diese *existentielle Bedeutung* des Kunstwerks, d.h. **der Bezug des Werks zum Wesentlichen im Dasein des individuellen Menschen als solchem** besteht **nur** *in der Stellung des Kunstwerks in der* **übergeschichtlichen, ja überzeitlichen** *Dimension der Wirklichkeitsordnung insgesamt und somit der* **Wahrheit überhaupt.**

Die Tatsache, dass alle Fäden in diesem Punkt der eben dargestellten philosophisch-systematischen Grundbestimmung zusammenlaufen, macht uns auf *die starke, **unaufhebbare Spannung zwischen dem Subjektiven und dem Objektiven im Kunstwerk*** aufmerksam. Ein Künstler als Subjekt schafft ein *Werk* und der Betrachter als ein anderes Subjekt verwirklicht es als ***Kunstwerk***.

Diese Spannung ist der Grund der Schwierigkeiten in der Bestimmung der Kunst überhaupt einerseits im Vergleich mit dem, was von vorneherein nicht als Kunst gelten kann, andererseits aber mit dem, was zwar als Kunst erscheint, in Wahrheit aber gar keine Kunst ist.

Diese Spannung ist aber auch der Grund für die Schwierigkeiten der Bestimmung des Status des einzelnen Kunstwerks und ist der Grund der Unmöglichkeit der positiven Formulierung der Gesetzmäßigkeit, die das künstlerische Schaffen bestimmt und leitet, die aber auch das Betrachten des Kunstwerks in seiner Gültigkeit bestimmt.

Im Folgenden möchte ich bestimmte Aspekte des einzelnen Kunstwerks erörtern, welche durch diese Spannung bestimmt sind.

5. Der erste Gesichtspunkt dieser Spannung ist schon beim Künstler selbst zu spüren. Zu sagen, dass das Kunstwerk *nicht bloß subjektiver Gefühlsausdruck des Künstlers* ist, bedeutet im Grunde, dass seine Motive und seine Themen letztlich nichts als *äußerliche Veranlassungen* für die Gestaltung und

für die Darstellung dessen sind, was *in ihm in seiner persönlich geistigen Entwicklung reifte: In ihm selbst, im Tiefen seiner eigenen Persönlichkeit, und nicht in etwas außerhalb von ihm selbst, erfasst der Künstler* **etwas Ursprüngliches**, *das er geistig verarbeitet und dessen Entfaltung insgesamt in der Darstellung in seinem künstlerischen Werk seine Erfüllung findet.*

Dieses „etwas Ursprüngliches", das der Künstler in seinem Inneren verspürt, ist kein rohes Phantasiegebilde, das nur noch „geschliffen" werden muss. Es ist eine lokale, momentan erfasste Berührung mit der Wirklichkeit insgesamt, die auf Gestaltung *drängt*. „Drängt", weil es hier um die *Selbst-Bewusstmachung* und um die *Selbst-Bestimmung* des Künstlers selbst geht.

Hier drängt etwas zur Äußerung beziehungsweise zur Ent-Äußerung, was der Künstler nicht einfach ignorieren und dessen Entäußerung er sich nicht einfach verweigern kann, ohne gleichzeitig *sein Selbst schwer zu beschädigen und seine Existenz als Individuum zu gefährden.* (das gilt übrigens nicht nur für die Kunst, sondern in gleichem Maß für jede Art von schöpferischer Tätigkeit, die das Individuum in den Zusammenhang des Wirklichkeitsganzen stellt).

Hier und nicht im sinnlichen Wahrnehmen, d.h. im „Erleben", aber auch nicht im bloßen Ausdruck eines „Zeitgeistes", liegt die existentielle Bedeutung der künstlerischen Darstellung – sowohl für die schaffende Person als auch für die betrachtende Person.

Diese Spannung im Inneren des Künstlers kommt im Kunstwerk dadurch zum Ausdruck, dass die *Authentizität* und die *Wahrhaftigkeit* des *künstlerischen Schaffens* mit der *Wahrheit des Sinngehalts des Kunstwerks* zur *identischen Einheit* verschmelzen.

Das heißt, die *Authentizität und Wahrhaftigkeit des künstlerischen Schaffens* bestimmen zum Teil die Objektivität des künstlerischen Ausdrucks als Kunst und zwar aus zwei Gründen: *Erstens*, weil sie beiden eine notwendige Bedingung für den künstlerischen Kontakt mit dem Wirklichkeitsganzen ausmachen, der im Sinngehalt des Kunstwerks als *Wahrheit* zum Ausdruck kommt.

Und *zweitens*, weil dieser Sinngehalt keinesfalls als getrennt von dem künstlerischen Ausdruck selbst *gedacht* werden kann: Dieser Gehalt besteht *nicht* an und für sich außerhalb der künstlerischen Darstellung.

Hier ist auch die *Eigenständigkeit, Eigentümlichkeit und Autonomie der Kunst* begründet: *Die Kunst macht dem Menschen eine Seite der Wirklichkeit zugänglich, die auf keinen andere Weise möglich wäre*, eine Tatsache, die uns zu der Aussage berechtigt, *dass in der spezifischen Art der Darstellung, die wir „künstlerisch" nennen, sich* **Wahrheit** *offenbart und manifestiert.*

Die Verschmelzung der Authentizität und der Wahrhaftigkeit des künstlerischen Schaffens mit der Wahrheit des Sinngehalts des Kunstwerks zur unteilbaren, d.h. identischen Einheit im Kunstwerk bzw. als Kunstwerk bedeutet, dass die

Tatsache des künstlerischen Ausdrucks von der *Art* des künstlerischen Ausdrucks, die das So-Sein des Kunstwerks bestimmt, nicht voneinander zu trennen sind.

Das kunstwerk ist kein Behälter von Wahrheit und ist nicht bloß Mittel zur Erkenntnis derselben: *In ihm* wird etwas objektiviert, das auf keine andere Weise objektiviert werden kann. Das heißt, dieser Prozess der Objektivierung beginnt schon mit der Bestimmung des Motivs und mit der Auswahl des Rohmaterials und schließt in dem Moment ab, wo das Kunstwerk die Hand des Künstlers verlassen hat und dabei seine Eigenständigkeit und Autonomie gewinnt: *Was sich im Kunstwerk objektiviert, objektiviert sich in den Farben, Klängen, Worten, Bewegungen und dergleichen mehr, **in ihnen selbst vollzieht sich diese Objektivierung**.*

Diese Tatsache, die eigentlich nichts anderes als das So-Sein des Kunstwerks selbst darstellt, ist der höchste Ausdruck der Spannung zwischen dem Subjektiven und dem Objektiven im Kunstwerk. Hier liegt auch, wie gesagt, die Wurzel der Missverständnisse in der Beurteilung des einzelnen Kunstwerks.

Es ist in diesem Zusammenhang wichtig einzusehen, dass die künstlerische Art der Darstellung und der Gestaltung selbst *Offenbarung und Manifestation von **Wahrheit*** ist. Jeder Künstler schafft immer neue und einzigartige Darstellungen und Gestaltungen; es gibt keine zwei gleichen Kunstwerke, und mit jedem Kunstwerk beginnt gleichsam „alles von neuem".

Das bedeutet jedoch nicht die Relativierung der Bedeutung der künstlerischen Darstellung überhaupt, auch nicht in dem Sinne, dass der Stoff, d.h. das, was in ihr dargestellt ist, als ein zufällig bestimmte Verpackung der Bedeutung des Sinngehalts des Kunstwerks verstanden wird, von der wir es entkleiden müssen, um auf seinen „wirklichen" Sinn zu stoßen.

Das Kunstwerk kann auch nicht als Symbol von etwas gelten, denn dann würde es ohne eigenständige Bedeutung bleiben.

Es muss in diesem Zusammenhang eingesehen werden, dass *das Subjektive und das Objektive im Kunstwerk, das Relative und das Absolute an ihm*, miteinander zu einer **unteilbaren** *Einheit* verschmelzen. Die künstlerische Darstellung ist *keine Materialisierung von Sinngehalt* im Sinne von Versinnbildlichung desselben. Der Sinngehalt, die Bedeutung ist *nicht* als sinnliche Darstellung, sondern **in** *der sinnlichen Darstellung* zu denken: Die spezifische künstlerische Gestaltung des Materiellen („Stoff") ist von der Art, die zum Sinngehalt als Wahrheit führt. Dieses „Führen" vollzieht sich aber *im Kunstwerk selbst*.

6. *Das große Problem für uns*, was durch die starke, grundsätzlich unaufhebbare Spannung zwischen dem Subjektiven und dem Objektiven am Kunstwerk verursacht wird, besteht nun in der *Beurteilung des einzelnen Kunstwerks*. Dieses Problem kommt dadurch zum Ausdruck, dass das einzelne Kunstwerk, wegen dieser Spannung, *keine unmittelbar erfahrbare Gültigkeit* hat und haben kann.

Die Verschmelzung des Subjektiv-Persönlichen mit dem Objektiv-Absoluten zu einer identischen Einheit im bzw. als Kunstwerk, was nichts anderes als die Verwandlung des Individuellen oder Subjektiv-Persönlichen des Künstlers in die Darstellung des Wesentlichen des Individuums als solchem im Kunstwerk ist, verursacht den Zustand, in dem *die Allgemeingültigkeit des einzelnen Kunstwerks bzw. seines Sinngehalts nicht unmittelbar zu erkennen ist,* und zwar in dem Sinne, dass *derselbe Sinngehalt von allen ein Kunstwerk betrachtenden Personen in gleicher Weise gedacht werden muss.*

Dieser Zustand führt zur uns bekannten Flucht zur *Unverbindlichkeit des Ästhetischen,* was im sogenannten *Geschmacksurteil* zum Ausdruck kommt: Die Wirkung der ästhetischen Reize eines Kunstwerks auf unsere Empfindungen und Gefühle, was im Geschmacksurteil „objektiv" zum Ausdruck kommen soll, wird so schlagartig zentral.

Das Problem dabei besteht aber in der Tatsache, dass die besondere Qualität des Kunstwerks weder die ästhetische ist noch sein kann. Denn was *die Wirkung des So-Seins eines ästhetischen Objekts auf unsere Sinne, auf unsere Empfindungen und Gefühle* betrifft, worin soll der Unterschied zwischen einem Kunstwerk und einem Naturprodukt bestehen? Es besteht nämlich *gar keinen* Unterschied.

Das soll aber nicht missverstanden werden. Ich möchte gar nicht leugnen, dass Kunst und Erlebnis in irgendeinem Zusammenhang miteinander stehen: *Das Kunstwerk lässt sich gar nicht vom begleitenden Gefühl trennen.* Darin besteht bestimmt zum Teil der Reiz der künstlerischen Darstellung. *Das* *ästhetische Erlebnis an sich offenbart uns aber nicht den künstlerischen Wert, die besondere künstlerische Qualität des Kunstwerks, die etwas **Allgemeingültiges** aussagt.*

Denn *alle* Sinneseindrücke – und nicht nur die, die durch Kunst verursacht sind – sind von ästhetischen Empfindungen begleitet. *In dieser Hinsicht besteht keinen grundsätzlicher Unterschied zwischen dem Produkt des künstlerischen Schaffens und einem Naturprodukt.*

*Jede Ästhetik lässt das Wesen der Kunst außer Acht und dabei unerklärt, weil sie es **gar nicht berührt**:* Denn hier geht es um die Frage nach der *Wahrheit* und nicht um die Frage nach dem Verhältnis vom subjektiv bestimmten Geschmacksurteil und einem Kunstwerk.

Daran ändert sich auch nichts, wenn wir von den Sinneseindrücken absehen und unsere Aufmerksamkeit auf die „Intuitionen" des Künstlers einerseits und auf die durch das Kunstwerk hervorgerufenen „Assoziationen" beim Betrachter andererseits konzentrieren.

Denn erstens mögen die Assoziationen des Betrachters zwar interessant sein, können aber *nicht das letzte Wort* haben. Im Gegenteil: Ein echtes Kunstwerk steht als vom Künstler entlassenes Werk im Zeichen der *End-Gültigkeit* und insofern – zumindest prinzipiell – im Zeichen der *Ein-Deutigkeit.* Ein Kunstwerk führt zwar aus sich hinaus, aber nicht im Sinne von Auslösen willkürlich bestimmter Assoziationen, sondern genau umgekehrt, im Sinne des *Aufzwingens seiner Eindeutigkeit* auf eine Weise, die die Aufmerksamkeit des Betrachters zum Zusammenhangs mit dem *Wirklichkeitsganzen* lenkt.

Oder anders formuliert: *Das echte Kunstwerk regt zum Nachdenken, das als **Denken** immer eine **allgemeingültig bestimmte Richtung** aufweist*, während die Assoziationen genau das Umgekehrte davon aufweisen, nämlich keine allgemeingültig bestimmte Richtung, sondern sie verweisen auf die willkürlich-individuelle Bestimmung durch deren Auslöser.

Je mehr Assoziationen ein Kunstwerk auslöst, desto „flacher" ist es: Reichtum an Assoziationen ist genau die umgekehrte Richtung zur Erreichung der künstlerischen Voll-Endung.

So z.B. lösen wenige zufällig gezogene Farbstriche auf einer weißen Leinwand unendlich viele Assoziationen aus; konkret heißt das, dass dieses „Werk" *gänzlich unbestimmt* ist. Mit jedem weiteren Strich wird aber die Zahl der möglichen Assoziationen vermindert, und zwar so, dass das Ideal vollendete Bild *gar keine* Assoziationen mehr auslöst.

Das ist übrigens der Grund, warum die sogenannte abstrakte Kunst so fragwürdig ist: Sie ist einfach – im Gegensatz zur echten Abstraktion – im wahrsten Sinne des Wortes unbestimmt.

Und was die Intuitionen des Künstlers betrifft, so müssen wir zweitens sagen, dass diese – was Kunst betrifft – *an sich ohne Bedeutung* sind: Denn hier steht nicht der Künstler und seine „Intuitionen" im Zentrum, sondern seine Fähigkeit, ein bestimmtes Rohmaterial auf eine sehr bestimmte Weise zu gestalten, und zwar so, dass daraus ein *Kunstwerk* entsteht.

Welche Intuitionen der Künstler bei dieser Gestaltung hat, das kann zwar sehr interessant sein, ist aber, wenn überhaupt, *irrelevant*, sowohl für das Schaffen des Kunstwerks wie auch für dessen Verständnis: Für das Schaffen, weil die Gesetzmäßigkeit dieser Gestaltung von ihm nicht bewusst beherrschbar ist – und deshalb sind diese Intuitionen auch für dessen Verständnis nicht unbedingt relevant.

7. Warum letztlich jede Ästhetik und jede Art von „Intuitionismus" und jede Art von „Assoziationismus" das Wesen der Kunst unberührt und unerklärt lassen, macht uns die folgende Frage besonders deutlich bewusst: *Warum fügt sich der Stoff überhaupt dem Künstler? Ist es denn so selbstverständlich, dass **Offenbarung und Manifestation von Wahrheit** entsteht, wenn man ein bestimmtes Material auf eine sehr bestimmte Weise („spezifisch künstlerisch") bearbeitet und gestaltet?*

Dieses Schaffen eines Kunstwerks ist doch *gar nicht steuerbar*, wie es bei anderen Fällen der Produktionen der Fall ist. Für das Kunstwerk bedeutet das, dass es fertig sein muss, ehe es als Werk der Kunst überhaupt gelten kann.

Die Antwort auf die eben gestellte Frage mag im Augenblick schwindelerregend sein, sie ist auf jeden Fall die richtigere: *Das, was das künstlerische Schaffen zum Ausdruckt bringt, ist dem Stoff dieses Schaffens immanent, d.h. es ist immer schon als Möglichkeit in ihm latent enthalten und es wird auch durch dessen Eigenschaften bestimmt.* Die Eigenschaft des Stoffs muss derart sein, dass die künstlerische Darstellung als etwas *Objektives*, also von *objektiver Gültigkeit* möglich sein muss. Der Entdeckungs– und Erfindungsgeist des Künstlers, die Suche der Künstler nach dem richtigen Stoff (im allgemeinsten Sinne des Wortes) bezeugt diese Tatsache.

Der Stoff muss nicht bloß „kooperieren“: Die *künstlerische gesetzmäßige* Bearbeitung dieses Stoffs führt *zwangsläufig* zu den latent in ihm enthaltenen Möglichkeiten. Darin ist die *Authentizität* der künstlerischen Arbeit des Künstlers begründet, und das ist auch der Grund, warum seine Arbeit als *Manifestation von Wahrheit* überhaupt gelten kann.

Die Genialität des Künstlers besteht in seiner Fähigkeit, diese Möglichkeiten zu verwirklichen: Sie besteht darin, dass der Künstler *unbewusst* seine schöpferischen Kräfte so aktiviert, dass sie *gesetzmäßig* zur künstlerischen Darstellung führen.

Und hier finden wir einen der höchsten Ausdrücke der *Identität und Einheit der Wirklichkeit*: Die Gesetzmäßigkeit des künstlerischen Schaffens ist zwar der Kunst spezifisch, ***sie ist aber durch eine Gesetzlichkeit bestimmt, die jede andere Art der Gesetzmäßigkeit überhaupt, einschließlich die der „Materie“ und des „Stoffes“, bestimmt.***

Diese Übereinstimmung der Gesetzmäßigkeiten, die durch *die Verankerung in einer universell geltenden gesetzlichen Grundlage* bestimmt ist, macht das Kunstwerk überhaupt möglich und verleiht ihm den Sinn, den es in sich trägt.

Wenn wir also sagen, dass schon das Rohmaterial die künstlerische Darstellung als Möglichkeit latent in sich trägt und sich durch dessen Eigenschaften bestimmt, so meinen wir damit *nicht*, dass schon im Rohmaterial die einzelnen fertigen

Kunstwerke zu „erkennen" seien, und dass die Genialität des Künstlers darin bestehe, dass nur er dies sehen und wiedergeben („nachahmen") kann.

Gemeint ist die Tatsache, dass der Künstler diese im Material latente Gesetzmäßigkeit verwirklicht – im gleichen Sinne wie z.B. der Schmied in seiner Arbeit eine (zwar andere) Gesetzmäßigkeit verwirklicht, die in der Materie latent enthalten ist. *Die Lage des Schmids ist jedoch viel günstiger als die des Künstlers: Er **weiß im Voraus**, was er erreichen will, wie er es am besten erreichen kann, und er stellt selbst auch die Instanz dar, die die Qualität des Produkts im Vergleich mit dem gewollten Produkt prüfen und beurteilen kann.*

Die Produkte des Schmids offenbaren, abgesehen von der von ihm befolgten gesetzmäßigen Eigenschaften der Materie, *an sich* jedoch keine Wahrheit und manifestieren daher keine. Die „Wahrheit" der Produkte des Schmids, abgesehen von der Befolgung der Naturgesetzlichkeit durch den Schmid, besteht in ihrer Entsprechung zu dem Plan ihres Produzenten.

Das Wesen des Kunstwerks besteht dagegen gerade darin, dass es *an sich Wahrheit offenbart und manifestiert.* Das Materielle am Kunstwerk wird dadurch nicht weniger materiell, aber die Verwirklichung dieser in ihm latenten Gesetzmäßigkeit erhebt die dadurch zur künstlerischen Darstellung gewordene Materie aus der begrenzten Sphäre der bloßen Natur, zu der auch bestimmte Züge des Mensch selbst gehören, in die *Sphäre der Wahrheit über das menschliche Individuum als solchem.*

In diesem kontinuierlichen, gesetzmäßig bestimmten Übergang zwischen den Sphären besteht die Einheit und Identität der Wirklichkeit.

Genau das geschieht beim *Betrachten* des Kunstwerks, das durch **dieselbe** *Gesetzmäßigkeit* bestimmt ist: *Der Betrachter richtet seine Aufmerksamkeit auf ein ihm fremden Objekt der Außenwelt, erfährt aber dabei etwas Fundamentales über sich selbst als Mensch und als Individuum.*

Wenn das *echte künstlerische Schaffen* durch die Verwandlung des Individuellen oder subjektiv Persönlichen des Künstlers in die Darstellung des Wesentlichen des menschlichen Individuums als solchem im Kunstwerk charakterisiert ist, so besteht das *echte Betrachten des Kunstwerks* in der Fähigkeit, *dieses allgemein Gültige persönlich zu erkennen und anzueignen.* Hier geht es also nicht darum, ein Kunstwerk „theoretisch" zu „verstehen", was immer das heißen mag, sondern um die Bewusstwerdung und um das Erkennen dessen, was dem menschlichen Individuum als solchem wesentlich ist.

Die menschliche Existenz kann nur auf dem Hintergrund der Wirklichkeit insgesamt als solche verstanden und verwirklicht werden. Nur in dieser Verbindung kann diese menschliche, d.h. persönlich individuelle Existenz überhaupt *Sinn und Bedeutung* haben.

Die Verwirklichung dieser Verbindung kann nur über die Kunst vollzogen werden: *Kunst stellt für uns die einzige Weise dar, die diese Verbindung zwischen Gesamtwirklichkeit und zwischen dem Wesentlichen im Dasein des individuellen Menschen als solchem auf dem Horizont des Bewusstseins auftauchen lässt* und so Einfluss auf das bewusste Leben des Individuums ausübt.

Wenn man also genau hinschaut, sieht man, dass die Betrachtung von Kunst grundverschieden ist von der Schaffung von Kunst, wobei *die Betrachtung nicht nur nicht leichter als das Schaffen, sondern, wenn auch auf eine andere Weise, viel schwieriger ist.*

Denn die Fähigkeit des Künstlers, in der seine Genialität besteht, zeichnet sich dadurch aus, dass sie ihm ermöglicht, eine Verbindung zwischen dem Wirklichkeitsganzen und seinen einzelnen Schöpfungen zu vollziehen. Diese Verbindung macht seine Arbeit *authentisch* und echt, sie macht sie aber auch *wahr. Der Umkehrschluss ist aber nicht möglich*: Ein einzelnes Kunstwerk führt nicht direkt zum Zusammenhang des Wirklichkeitsganzen, was dadurch zum Ausdruck kommt, dass das einzelne Kunstwerk keine unmittelbare, gewissermaßen „anschaubare" Gültigkeit hat.

8. Der Betrachter wird also genötigt, beim Verstehen des einzelnen Kunstwerks dieses zu verlassen, und es in den Gesamtzusammenhang der Wirklichkeit zu setzen. Dabei wird er aber zunächst erfahren, dass *das Einzelkunstwerk nur als ein Bestandteil eines Ganzen zu verstehen ist, nämlich des gesamten Bereichs der Kunst.*

Das heißt, dass ein Einzelkunstwerk nicht nur nicht autark ist, *es braucht noch den Zusammenhang mit allen Kunstwerken des gleichen Kunstzweigs wie auch den Zusammenhang mit allen Kunstwerken der anderen Kunstzweige.*

Es gehört schon ein großes Kunstverständnis dazu, zu verstehen, dass die Verbindung zwischen Kunst und Wirklichkeit nicht unmittelbar durch die Betrachtung eines einzelnen Kunstwerks vollzogen werden kann, sondern nur über den Gesamtbereich der Künste („Gesamtkunst").

Wohlgemerkt, *Gesamtkunst* und keinesfalls *Gesamtkunstwerk*. Der Gedanke des Gesamtkunstwerks will, abgesehen von der bloßen Verbindung aller Kunstarten zu einem einzigen Kunstwerk, gerade die Kluft zwischen Kunst und Wirklichkeit überwinden, und zwar durch diese „Gesamtheit" an diesem Kunstwerks.

Trotz dieses guten Vorsatzes stellt der Begriff des Gesamtkunstwerks eine begriffliche Missbildung höchstens Rangs dar. Denn es ist *vollkommen unmöglich*, die *notwendig systematische Differenzierung der Künste in ihre Zweige* innerhalb des Rahmens eines Einzelkunstwerks zu überwinden, was eine notwendige Bedingung zu dessen Herstellung wäre: *Die Gesetzmäßigkeit, die zu dieser Differenzierung führt, liegt außerhalb der Reichweite der Kräfte des künstlerischen Schaffens.*

Das heißt, das Problem besteht nicht darin, so ein Multitalent zu finden, das in allen Kunstzweigen im gleichen Maß schöpferisch sein kann, was ohnehin – wegen der Begrenztheit des Menschen im breitesten Sinne – von vorneherein gar nicht möglich ist. Und auch wenn es möglich wäre, dann würde dieses Multitalent einfach in den verschiedenen Kunstzweigen Einzelkunstwerke schaffen und sie in Verbindung bringen, was bedeutete, dass es ein „Gesamtkunstwerk" nur insofern schaffen könnte, als es verschiedene Einzelwerke *mechanisch* miteinander verbinden würde.

Ob dieses „multidimensionale" Produkt ein Kunstwerk darstellt, das wage ich zu zweifeln, denn das Problem ist kein technisches, sondern besteht, wie gesagt, in der *grundsätzlichen Unmöglichkeit* eines solchen künstlerischen Gebilde überhaupt.

Auch mit einer anderen Variante des Begriffs des Gesamtkunstwerks (das Werk als Lebensvollzug) steht es nicht besser, eigentlich eher schlechter. Auch hier geht es um die Einheit aller Kunst-Gattungen. Auch hier geht es um die Aufhebung und um die Überwindung der Kluft zwischen Kunst und Wirklichkeit. Hier wird jedoch die (vollständige) Verwirklichung dieser beiden Aspekte des Gesamtkunstwerks nicht im Rahmen eines einzelnen, bestimmten Werks vollzogen.

Der Begriff des Gesamtkunstwerks ist hier eher als Ausdruck des Bedürfnisses und des Strebens des Menschen bzw. des Individuums nach Einheit mit der Welt und mit sich selbst zu verstehen. Die Synthese aller künstlerischen Möglichkeiten als Gesamtkunstwerk ist hier also weniger Werk als *Lebensvollzug*. Gemeint ist nicht bloß das Brücken-Schlagen zwischen Kunst und Leben, sondern die (totale) gegenseitige Durchdringung der beiden.

Die Abweichung vom üblichen Begriff des Kunstwerks besteht hier in dem Versuch, bewusst auf die Wirkung der Kunst auf das praktische Leben Einfluss zu nehmen, und dadurch in das tatsächlich geführte Leben einzudringen. Diese Abweichung besteht hauptsächlich darin, dass das Gesamtkunstwerk *erst dann vollkommen ist und nur dann ein solches sein kann, wenn der reale Mensch mit in dieses „Werk" einbezogen wird.*

Denkt man diesen Gedanken *zu Ende*, so wird der von Kurt Schwitters geäußerte Anspruch, „in seiner noch unschätzbaren Zukunft die ganze Welt zu einem gewaltigen Kunstwerk umzugestalten"

Dass diese Kunstauffassung eigentlich weniger eine Auffassung von der Kunst, dafür aber mehr – nach der Meinung von Kurt Schwitters – eine Auffassung von der Natur der Welt und des Menschen ist, und so eine Auffassung von der angemessenen Gestaltung seines Alltags und eine Auffassung von der gesellschaftlich-sozialen und politischen Interessen und Angelegenheiten des Menschen ist, das ist nicht schwer zu erkennen, zumal der Begriff von Kunst bei ihr *leer bzw. unbestimmt* bleibt.

Dazu kommt noch die Tatsache, dass diese Kunstauffassung im höchsten Maß gefährlich ist, denn – wenn auch von ihren Vertretern gar nicht so gemeint – den Ausdruck einer *totalitaristischen* Welt- und Gesellschaftsauffassung dar.

Bei dieser Auffassung bleibt der Kunstbegriff leer bzw. unbestimmt, weil bei ihr der Begriff des *Produkts des künstlerischen Schaffens* keine tatsächliche Bestimmung erfährt. Das heißt, die Bedingungen zur Entstehung eines solchen Produkts, die Abgrenzung dieses Produkts als Erscheinung von anderen nicht künstlerisch bestimmten Erscheinungen, aber auch die Darlegung der Art der Wirkung des Produkts des künstlerischen Schaffens, sind in dieser Auffassung, abgesehen von unverbindlichen „Statements", nicht vorhanden.

Oder anders formuliert, um das Wort „Produkt" zu vermeiden: *Wie*, d.h., unter welchen Bedingungen, *wo* und *auf welche Weise* vollzieht sich Kunst, und zwar so, dass sie als etwas Definierbares und als etwas Bestimmtes, „wirkt" bzw. sich verwirklicht? Auf diese Fragen gibt die oben genannte Auffassung keine verbindliche Antwort.

In diesem Zusammenhang reicht es leider nicht aus, auf den Menschen, auf seine Bedürfnisse und auf die Belange seines Lebens hinzuweisen. Die menschliche Wirklichkeit – wie die Wirklichkeit überhaupt – ist an sich komplex und in ihrem Zusammenhang zu breit, als dass die Einheit von Kunst und Leben oder gar die Aufhebung der Grenzen zwischen den beiden – unabhängig davon, was mit „Kunst" und „Leben" gemeint ist – im Bereich der Kunst selbst, d.h. durch Künstler möglich sein kann.

Es verwundert einen deshalb nicht, dass man bei den Versuchen, diese Kunstauffassung bzw. diese Idee vom „Gesamtkunstwerk" zu verwirklichen, immer wieder auf eine **einzelne** *künstlerische Darstellung* zurückgeworfen wird, in der „Kunst" und „Leben" sich *angeblich* zu einer „dialektischen" Einheit verbinden.

Jedoch gerade diese vermeintliche Einheit und Gleichwertigkeit aller Kunst-Gattungen bringt am deutlichsten die Grenzen dieser Kunstauffassung zum Ausdruckt: Denn gerade in dieser vermeintliche Einheit werden *die Grenzen und die Verschiedenartigkeit aller Gattungen, aber auch die Unmöglichkeit ihrer Vermischung* auf *diese gewollte Art und Weise* zu einer definierbaren nur hervorgehoben und bewiesen. Damit wird aber auch der lebendige Zusammenhang zwischen Künstler, seinem Werk und dem Betrachter geradezu aufgelöst.

Diese Kunstauffassung ist aber auch, abgesehen von ihrer Eigenschaft als eine Auffassung von Kunst, wie oben erwähnt, eine *für Individuum und Gesellschaft sehr gefährliche*.

Denn damit die Verwirklichung dieser Einheit von Kunst und Leben bzw. der Aufhebung der Grenzlinien zwischen den beiden möglich wird, müssen zwei Bedingungen erfüllt sein: *1*. Der Künstler bzw. sein Auftraggeber muss eine Instanz darstellen, deren *Erkenntnis-Kompetenz* in Bezug auf den real bestehenden Menschen, in Bezug auf die angemessene Gestaltung seines Alltags und in Bezug auf die lebenswichtigen Interessen von Individuum und Gesellschaft, *absolut* ist. Und *2*. Es muss das Bestehen einer Instanz – oder genauer einer *Macht* – vorausgesetzt werden, die in der Lage ist, diese Erkenntnisse und das, was aus ihnen folgt, also diese künstlerische Totalität zu verwirklichen.

Ich weiß nicht, wie viele potenzielle Formen es gibt, die das möglich machen. Eines werden diese Formen auf jeden Fall gemeinsam haben: *Die totale Beherrschung des Bewusstseins des Menschen.* Denn erst dann kann das Ideal der Einheit von Kunst und Leben und der Aufhebung der Grenzen zwischen ihnen als verwirklicht gelten. Das ist aber *Totalitarismus*, wenn auch „ästhetisch" geprägt.

9. Mit dem Verweis auf den gesamten Bereich der Kunst schließt sich der Kreis der Verwandlung des Individuellen oder des subjektiv Persönlichen des Künstlers in die Darstellung des Wesentlichen des Individuums als solchem im Kunstwerk. Hier ist der Punkt, wo *die Wirklichkeitsbezogenheit der Kunst und die Unabhängigkeit ihres Wahrheitswerts, also ihre Eigenständigkeit und Autonomie zum Ausdruck kommen.*

Wenn wir also sagen, dass das einzelne Kunstwerk nur ein Bestandteil eines Ganzen ist, und dass es den Zusammenhang mit allen Kunstwerken des gleichen Kunstzweigs, aber auch mit allen Werke der anderen Kunstzweige benötigt, um seinen Status als Einzelkunstwerk zu bewahren, so deuten wir damit auf die *Einheit* des gesamten Bereich der Kunst hin.

In dieser Hinsicht besteht gar keinen Unterschied zwischen dem Objekt der Kunst („Kunstwerk") und dem Naturobjekt. Wie das Naturobjekt *nur* im Gesamtzusammenhang des Bereichs der Natur Bestand hat, so hat das einzelne Kunstwerk Bestand *nur* im Gesamtzusammenhang der Kunst.

Der Unterschied zwischen den beiden Objekten besteht jedoch darin, dass, während *das Bestehen und das Verstehen,* d.h. *die erkenntnismäßige Bestimmung* des Naturobjekts von der *Spannung* zwischen den Subjektiven und dem Objektiven *befreit* ist, diese Spannung im Bereich der Kunst *maximal.* Sowohl das *Bestehen* wie auch das *Verstehen* des Kunstwerks sind von dieser Spannung *maximal* geprägt.

Mit dem Verweis auf den gesamten Bereich der Kunst möchten wir im Grunde auf nichts anderes als auf die Einheit und Autonomie dieses Bereichs verweisen – damit aber umso mehr auf die Instanz, die die Gesetzlichkeit ermittelt, die diese Einheit stiftet und diese Autonomie bestimmt: Hier ist der Punkt, wo *Philosophie im systematischen Sinne aktuell* wird.

Hier, an diesem Punkt, wird auch deutlich sichtbar, warum das *gültigere* Nachdenken über Kunst *systematisch-philosophischer* Natur ist und sein muss. Nicht dass jede andere Art des Nachdenken über Kunst nicht gültig ist: In dem Moment aber, wo es für sich *Allgemein-Gültigkeit* – und nicht bloß Zustimmung innerhalb eines bestimmen begrenzten Kreises von Menschen – beansprucht, bedarf es dann der *Rechtfertigung dieses Anspruchs*, und zwar dadurch, dass es sich auf die Instanz beruft, die nicht nur jede Gültigkeit überhaupt als solche bestimmt und begründet, sondern auch die Einheit und die Autonomie der Kunst im Besonderen und so mit ihren Wirklichkeitsbezug und ihre Unabhängigkeit bestimmt und dabei begründet.

In *dieser* Hinsicht ist das systematisch-philosophische Nachdenken über Kunst das gültigere: Es ist ein Denken, das in der Lage ist, das Problem, das die Kunst als etwas dem Denken *Vor-Gegebenes* darstellt, begrifflich zu erfassen, die Frage nach Ursprung, Wesen und Sinn der Kunst auf eine allgemeingültige Weise zu formulieren, und so ist es insgesamt in der Lage, den Problem-Charakter der Erscheinungen der Kunst aufzuheben, wie wir es, wenn auch nur grundsätzlicherweise, gezeigt haben.

II.2. Zur Bestimmung des Verhältnisses zwischen Kunst und Leben

1. „Leben" und „Kunst" lässt sich verschiedentlich miteinander in Verbindung setzen – und dementsprechend wandelt sich auch die Bedeutung ihres Zusammenhangs.

Wenn wir also das Leben wie die Kunst ernst nehmen und dabei das Verhältnis von Kunst und Leben bestimmen wollen, dann müssen wir von allem absehen, was in diesem Verhältnis beliebig, willkürlich und irrelevant ist.

Das wird uns auch nicht schwerfallen, wenn wir bedenken, dass Kunst keine beliebige, willkürlich bestimmte Tätigkeit ist, sondern eine Tätigkeit, in der Künstler etwas *allgemein Gültiges* herstellt bzw. herstellen will, das den *Menschen als solchen* angeht, und was *auf gar keine andere Weise* zum Ausdruck gebracht werden kann.

Das ist der Grund, warum Kunst für uns so bedeutend ist. Das ist der Grund, warum das Problem der Bestimmung des Verhältnisses zwischen *Leben und Kunst* – oder genauer zwischen *Kunst und Mensch* – eigentlich immer unabhängig von Ort und Zeit, *höchst aktuell* ist und immer höchst aktuell sein muss: *Kunst, im eigentlichen Sinne verstanden, ist ihrem Wesen nach durch das Verhältnis zum Menschen und zur Wirklichkeit bestimmt,* und darin ist auch die konkrete erbauliche und gestaltende Wirkung der Kunst begründet.

Die unmittelbare, natürliche Reaktion auf die etwas provokativ, eher nach der Art des Ungebildeten gestellten Frage „Wozu Kunst??!!" deutet auch in diese Richtung: Man erwartet von der Kunst, dass sie etwas durchaus „Nützliches" ist.

Man erwartet von ihr, dass sie uns irgendwie „positiv" beeinflusst, obwohl dabei auch die Ablehnung des Verlangens nach der Nutzanwendung der Kunst und ihre Bestimmung als Mittel im Dienste eines im Voraus bestimmten Zwecks geäußert wird: Das künstlerische Schaffen soll keine Tätigkeit darstellen, die auf Nutzen und Brauchbarkeit ausgerichtet ist.

Die Feststellung, die in dieser Reaktion auf die oben drastisch formulierte Frage enthalten ist, macht schon den ersten Schritt zur Beantwortung dieser Frage aus. Eine nähere Betrachtung der Sache wird uns zeigen, dass die *Relevanz der Kunst* für die *Bestimmung und Gestaltung des individuellen Menschseins* unentbehrlich ist. – „Unentbehrlich" aber *nicht* in dem Sinne, dass man ohne Kunst kein sinnvolles menschliches Leben gestalten und führen kann: „Unentbehrlich" deutet hier auf das hin, *was ohne Kunst (im allgemeinsten Sinne des Wortes) nicht erreicht werden kann oder gar verloren geht.*

2. Die Erscheinungen der Kunst sind für den Menschen unserer Zeit – zumindest in der abendländischen Welt – kein Luxus mehr: Noch nie waren Ausstellungen der bildenden Kunst, Theater, Tanz und Musikvorstellungen so besucht wie heute, noch nie war der Zugang zur Dichtung und Literatur so frei, einfach und billig wie heute.

Und doch: trotz dieser unbeschränkten, breiten Teilnahme an Kunst erzeugt die Frage nach der Bedeutung der Kunst Verlegenheit und ein Gefühl des Unbehagens: *Worauf deutet die Kunst hin? Was soll überhaupt in der Betrachtung eines*

Wenn wir uns nun fragen, worin diese Verlegenheit und dieses Gefühl des Unbehagens begründet sind, so werden wir feststellen, dass die Kunst und ihre Erscheinungen zwar im Voraus als "wahr" bzw. als „bedeutend" hingenommen werden, der Grund dafür bleibt jedoch unklar: Schon die ästhetische Wirkung eines einzelnen Kunstwerks ist auf verschiedene Menschen ganz unterschiedlich, aber auch auf einen einzigen Menschen kann diese ästhetische Wirkung des gleichen Werks je nach Stimmung, Ort und Zeit verschieden sein.

Hinzu kommt die Tatsache, dass ziemlich schnell klar wird, dass der Kunst ursprünglich *keine **ästhetische*** Bedeutung zugesprochen werden kann: Kunst bringt eine tiefere Beziehung des Menschen zu sich selbst und zur Wirklichkeit zum Ausdruck als die sogenannten ästhetischen Geschmacksurteile und die Begriffe der üblichen ästhetischen Werturteile, mit denen der durchschnittliche Mensch seine Eindrücke von Kunst äußert, überhaupt zum Ausdruck bringen kann.

Diese angesprochene Verlegenheit und dieses angesprochene Gefühl des Unbehagens, die mit der Frage nach der Bedeutung der Kunst offenbar verbunden sind und durch sie erzeugt werden, *drängen zum Nachdenken über die Kunst*: Die Frage nach der *Bedeutung der Kunst* drängt mit anderen Worten zu der Frage nach dem *Wesen der Kunst*.

Und wenn nach der Bedeutung der Kunst gefragt wird, wird auch nach der *Wirkung der Kunst* oder, was letztlich dasselbe ist, nach dem Verhältnis zwischen Kunst und Leben gefragt. Verbunden mit der Frage nach dem Wesen der Kunst drängt sich also die Frage nach *dem Wesen der der Kunst entsprechenden Wirkung* auf.

3. Die Frage nach der Bedeutung der Kunst und ihren Erscheinungen weist auf die Tatsache hin, dass die Deutung der Kunst, zunächst völlig unabhängig von der Frage nach ihrer Wirkung, den *außerkünstlerischen Zusammenhang* benötigt, und zwar in zweierlei Hinsichten: 1. Erstens, die Kunst als Eigenbereich muss zunächst mit alldem in Zusammenhang gebracht werden, was nicht Kunst ist, um überhaupt als der Eigenbereich der Kunst bestimmt zu werden. Dazu müssen auch alle einzelnen Erscheinungen der Kunst von allen anderen nicht künstlerischen Erscheinungen unterschieden werden. Das heißt, die *Kunstmäßigkeit* dieser Erscheinungen muss bestimmt werden.

Und zweitens, da diese Unterscheidung der Kunst als Ganzes von anderen Bereichen wie auch die Unterscheidung der einzelnen Kunstwerke, also der Erscheinungen der Kunst von anderen Erscheinungen, *gesetzmäßig* ist, muss diese Gesetzmäßigkeit *in einer allen Bereichen und allen Erscheinungen **gemeinsamen Gesetzlichkeit** verankert* werden, die sie bestimmt.

Mit anderen Worten: *Die Gesetzmäßigkeiten aller Bereiche und aller Erscheinungen müssen in einer* **Gesetzlichkeit** *verankert werden, die ihnen* **allen gemeinsam** *ist und sie* **als verschieden** *bestimmt.*

Oder noch anders formuliert: Zunächst muss die *Kunstmäßigkeit* der Erscheinungen der Kunst und die *Einheit der Kunst* als Eigenbereich bestimmt werden.

Die Kunst und ihre Erscheinungen müssen also in einen noch weiteren Zusammenhang als der Erfahrungszusammenhang gesetzt werden, der die Gesetzmäßigkeit(en) dieses Erfahrungszusammenhangs als Ganzes bestimmt. Erst dann wird es überhaupt einen Sinn haben, nach der *dem Wesen der Kunst entsprechenden Wirkung* zu fragen.

Denn *die Wirkung der Kunst bedeutet doch nichts anderes, als sie in Beziehung zu etwas zu setzen, das nicht sie selbst ist und was in der Lage ist, die Kunsterscheinungen zu betrachten* (und nicht bloß zu „sehen"). *Diese Wirkung muss jedoch auch diesem Etwas – sprich dem Menschen – seinem Wesen nach entsprechen.*

Mit anderen Worten heißt das, dass *die Möglichkeit der Wirkung der Kunst* **von vorneherein** *eine* **Entsprechung des Wesens der Kunst mit dem Wesen des Menschen** *(des Betrachters) voraussetzt.*

Hier, in dieser gesetzmäßig bestimmten Entsprechung, gründet die *existentielle* und darum auch *verpflichtende* Bedeutung der Kunst für den Menschen.

4. Vor dem Hintergrund des Gesamtzusammenhangs der Wirklichkeit besteht das Wesen der Kunst darin, dass sie eine Öffnung zum Wesentliche des menschlichen Individuums als solchem verschafft: *Im Kunstwerk offenbart sich dem Betrachter* **die Wahrheit in der Subjektivität und überhaupt die Wahrheit der Subjektivität.**

Damit wird *die Beziehung des persönlich Subjektiven des Betrachters zur Wirklichkeitsordnung in ihrem weitesten Zusammenhang* hergestellt. Und wenn wir bedenken, dass die menschliche Existenz als solche *nur auf dem Hintergrund der Wirklichkeit im Ganzen* verstanden und verwirklicht werden kann, dass nur in dieser Verbindung persönliche individuelle Existenz überhaupt Bedeutung haben kann, – wenn wir das bedenken, dann wird uns unmittelbar auch die ***existentielle Bedeutung der Kunst*** und ihrer Erscheinungen, also der Kunstwerke klar: *Kunst stellt für uns die einzige Weise dar, die diese Verbindung zwischen Gesamtwirklichkeit und dem Wesentlichen im Dasein des individuellen Menschen als solchem am Horizont des Bewusstsein vergegenwärtigen lässt, was die Kunst so befähigt, Einfluss auf das bewusste Leben des Individuums nehmen.*

Das alles verpflichtet die Kunst zur großen Verantwortung dem Menschen gegenüber: Es ist die Verpflichtung des Künstlers, seine Arbeit nicht zu missbrauchen und nicht missbrauchen zu lassen, und es ist die Verpflichtung des Betrachters zur menschlichen Verantwortung sich selbst und anderen gegenüber.

Was die Kunst betrifft, ist diese Verpflichtung *keinesfalls* als eine von *aktiver Bedeutung* zu verstehen: Sie ist nicht eine im Sinne einer bewusst gestellten Aufgabe zu verstehen. Im Gegenteil: *Diese Verpflichtung der Kunst dem Menschen gegenüber besteht gerade darin, dass sie ihre **Eigenart und Autonomie** als Kunst unbedingt bewahren muss.*

So darf sich die Kunst auf gar keinen Fall nach dem *„Geschmack" der potentiellen Betrachter* richten, denn dann reduziert sie ihn zum *bloßen Konsumenten* von Kunst und die Kunst selbst ist dann nicht mehr als ein *Unterhaltungsmittel.*

Die Kunst darf sich auf gar keinen Fall nach einer *Ideologie* oder nach dem *Diktat* (im Unterschied zu Wünsch) *eines Auftragsgebers* richten, denn dann reduziert sie sich selbst *zum bloßen Mittel im Dienste anderer Instanzen oder zu deren „Funktion",* wobei *vom Betrachter als **eigenständigen** Wesen hier ganz abgesehen* wird.

Die Kunst darf aber auch auf gar keinen Fall *beabsichtigen, etwas zu formulieren und mitzuteilen,* was auch *anders als mit künstlerischen Mitteln* formuliert und mitgeteilt werden kann. Sie soll nicht versuchen, *Inhalte, die auch ohne ihre Mittel formuliert und mitgeteilt werden können, zu „versinnlichen"* oder zu *„verbildlichen",* und sie soll schon *gar nicht versuchen, mit ihren Mitteln zu „philosophieren" oder zu „politisieren".*

Mit anderen Worten: Entweder sagt die Kunst etwas aus, *was ihr allein eigentümlich* ist, oder alles, was man durch sie und in ihr aussagen will, *zunächst in das Ausdrucksmittel der Kunst „übersetzt" werden muss, um dadurch „künstlerisch"* zu werden und so *als Kunst zu „gelten".*

In diesem Fall aber wird, genauso wie in den anderen oben genannten Fällen, von der Kunst *nicht viel übrigbleiben*: Was bleibt, ist *bloß das „künstlerische" **Mittel***, wobei das „Künstlerische" dabei *mit Kunst im eigentlichen Sinne nichts zu tun hat*, sondern nur etwas als „künstlerisch" *erscheinen lässt*, was *seinem Wesen nach* gar nicht künstlerisch bzw. gar nicht Kunst ist.

Ich möchte in diesem Zusammenhang kurz zwei Auffassungen von der Kunst bzw. Einstellungen zur Kunst erörtern, die diese Forderung zur Bewahrung der Eigenart und der Autonomie der Kunst nicht erfüllen oder gar nicht erfüllen können, weil sie *Kunst und Leben* so miteinander verbinden wollen, dass die Trennungslinie zwischen beiden als *aufgehoben gelten muss*.

Die erste dieser Auffassungen bzw. Einstellungen stellt eine bestimmte Variante des Gedankens des sogenannten *Gesamtkunstwerks* dar.

Die Trennungslinie zwischen Kunst und Leben soll in dieser Art des Kunstwerks dadurch aufgehoben werden, dass die Einheit von Dichtung, Musik, Tanz und bildenden Kunst in einem *übergeordneten Kunstwerk* zusammengefasst werden, wobei dieses „Werk" *nicht als Objekt* betrachtet werden soll, sondern als *Ausdruck der Verschmelzung von Kunst und Leben*.

Diese Rede von der Aufhebung der Grenzen zwischen Kunst und Leben hat nur dann Sinn, *wenn das Kunstwerk* *nicht von seiner Umgebung als eine besondere, durch **spezifische Gesetzmäßigkeit** bestimmte Erscheinung abgesondert werden kann.*

Wo es jedoch kein Werk gibt, das auf irgendeine Weise abgesondert von anderen Erscheinungen wahrgenommen werden kann, kann es auch keine Wirkung geben, die *dem Wesen dieses „Werks" entsprechen* soll.

Genau *die umgekehrte Richtung ist aber die richtige*: Die Wirkung der Kunst auf das Leben kann nur im Sinne der *Aktualisierung und Verwirklichung* des Verhältnisses zwischen den *spezifischen, besonderen Erscheinungen der verschiedenen Kunst-Gattungen* und dem *Leben* (gleich, was das eigentlich konkret heißen soll) verstanden werden.

Das heißt also, dieses oben genannte Verhältnis zwischen Kunst und Wirklichkeit kann *nur durch die Hervorhebung der* **Besonderheit der unterschiedlichen Kunstwerke** *erzeugt werden, die, jedes von ihnen gattungsmäßig auf seine Weise, ein bestimmtes Produkt des Menschen darstellt, das seinem Wesen nach einem bestimmten Bereich der Wirklichkeit **erkenntnismäßig** entspricht.*

Die Eigenartigkeit des Wesens der Kunst und die Eigenartigkeit ihrer Wirkung bestimmen die Kunst als einzigartig. Diese Einzigartigkeit besteht zwar in der erkenntnismäßigen Entsprechung zwischen Kunst und zwischen dem Menschen, hebt aber die Trennungslinie zwischen Kunst und Leben nicht auf, sondern eher betont sie.

Abgesehen davon ist diese Auffassung sehr gefährlich, denn sie beansprucht letztlich für die Kunst, eben durch die

Aufhebung der Grenzen zwischen Kunst und Leben eine ge-
sellschaftliche Umfassung, die ihrer Natur nach **totalitär** *ist.*

Eine andere Variante, Kunst und Leben miteinander so zu
verbinden und dadurch die Trennungslinien zwischen den beiden aufzuheben stellt die *Theoretisierung der Kunst* dar, eine
Tendenz, die besonders in der Nachkriegskunst bis zur Kunst
der Gegenwart sehr deutlich und in zunehmenden Maße auftritt.

Diese Theoretisierung der Kunst besteht darin, dass das
Kunstwerk als eine Art *Lösung eines im Voraus bewusst ge-*
dachten und gestellten Problems dargestellt wird. Dieser Vorgang bringt aber nicht die Kunst in das Leben und das Leben
in die Kunst, sondern bewirkt genau das Gegenteil: Das Drei-
eck Künstler – Werk – Betrachter wird dadurch aufgelöst. Der
Kunst wird dabei etwas aufgezwungen, das ihr fremd ist, und
in das Leben wird dabei etwas eingeführt, das ihm fremd ist.

Was hier geschieht, ist der Versuch, einen Vorgang bewusst beherrschen, der aber seinem Wesen nach un-bewusst,
ja *irrational* vollzogen wird: *Kunst ist nicht Produkt bewuss-*
ter denkerischer Tätigkeit. Damit ist *natürlich nicht gemeint,*
dass der Künstler in seinem Schaffensprozess nicht denkt. *Im*
künstlerischen Schaffen vollzieht sich jedoch eine Bestim-
mung, die sich dem Willen, den Absichten und den Zielen des
Künstlers entzieht: **Der Künstler kann nicht im Voraus die**
erkenntnismäßige Bedeutung seines fertigen Schaffens be-
stimmen.

Mit anderen Worten: Das künstlerische Schaffen kann
nicht im Voraus bestimmt und geleitet werden. Die Genialität

des Künstlers besteht doch gerade darin, dass er ohne bewusste Anwendung a priori geltenden Regeln ein gegebenes Rohmaterial – Farbe, Klang, Wort, Körperbewegung und dergleichen – so gestalten kann, dass daraus ein Kunstwerk entsteht. Darin und nicht etwa in seinen „guten", „originellen" „Ideen" besteht letztlich die Genialität des Künstlers.

Ignoriert ein Künstler diese Tatsache, so wird er zum Opfer seiner eigenen Einstellung. Denn diese *Theoretisierung der Kunst* bedeutet, dass *der Künstler selbst zu einem Teil seines Kunstwerks wird!* Und in der letzten Konsequenz dieser Theoretisierung wird das Kunstwerk selbst eigentlich *überflüssig*, denn seine *Aussagekraft* sinkt dabei *auf null*.

Das Kunstwerk von der oben genannten Art wirkt hier auf *genau die umgekehrte* Weise als *geplant*: Das so konzipierte Kunstwerk **zwingt**, *an seiner Gegenständlichkeit und an dessen Gefüge der Farben, Klänge, Linien Worte, Körperbewegung und dergleichen mehr zu beharren.*

Und je mehr der Betrachter sich darauf konzentriert, desto rätselhafter wird das Kunstwerk für ihn. Und je rätselhafter das Kunstwerk wird, desto weniger ist es dazu fähig, uns zum Nachdenken zu drängen. Man soll in diesem Zusammenhang *„denken"* nicht mit *„rätseln"* verwechseln, denn im Gegensatz zum Denken führt das Rätseln *nicht* über das bloß empirisch Gegebenen hinaus.

5. Wir haben von der *Verpflichtung der Kunst dem Menschen gegenüber* gesprochen, die in der *Bewahrung ihrer Ei-*

genart und Autonomie besteht. Diese Bewahrung von Eigenart und Autonomie *kann jedoch nicht*, wie beiden Beispiele deutlich gemacht haben, *im aktiven Einsatz der Kunst im und für das „Leben" bestehen.*

Für das **betrachtende** *Individuum* aber ist die *verpflichtende Bedeutung* der Kunst, die aus ihrer *existentiellen Bedeutung* folgt, doch *aktiver Natur*: Da es bei der Betrachtung der Kunstwerke (Erscheinungen der Kunst) um *Selbsterkenntnis und Selbstbestimmung – und letztlich um Selbstverwirklichung* geht, *kann das Individuum es sich gar nicht erlauben, die Kunstwerke sozusagen zu genießen und bei dessen „Erleben" stehen zu bleiben.*

Hier geht es gar nicht darum, etwas zu „erleben" und zu „genießen", es geht nicht um die Wirkung auf Gemüt, Gefühl und Geschmack, sondern hier geht es um *Arbeit*, um **harte Arbeit**. Denn es geht hier darum, *an der* **Wirklichkeit** *Teil zu nehmen*, also darum, **Wahrheit** *über den Menschen zu erkennen, die nirgends als in der Kunst zu finden ist Wahrheit, die darüber hinaus* **persönliche existentielle Bedeutung** *hat.*

Darin liegt die Kraft der Kunst: *Mit der Wahrheit, die sie offenbart, drängt und treibt sie zur Selbstverwirklichung des einzelnen Menschen, d.h. zur Verwirklichung seines eigentlichen Wesens als Mensch im Allgemeinen und als Individuum im Besonderen.*

Daher ist das Verhältnis des Menschen zur Kunst und zu ihren Erscheinungen *immer höchst aktuell*, also niemals ein Verhältnis zu etwas, das bloß registriert, erlebt und genossen wird – gleich mit welchem Prädikat und mit welcher Begeisterung dies geschieht. *Wahre, echte Kunst ist also alles anderes als Unterhaltung oder vornehmr Zeitvertreib.*

6. Das Verhältnis zwischen Kunst und Leben, oder genauer gesagt, zwischen Kunst und dem Menschen, wird also durch die *Kunstmäßigkeit* der Erscheinungen der Kunst von *vorneherein* bestimmt.

Zusammen mit der Tatsache, dass dem Wesen der Kunst nur eine bestimmte Art von Wirkung auf dem Kunstbetrachter entspricht, bedeutet das insgesamt, dass *das Kunstwerk,* indem es *kunstmäßig* auf den Betrachter wirkt, *von ihm in seiner Betrachtung* **verwirklicht** wird, wobei das „Verwirklichen des Kunstwerks" in diesem Zusammenhang nichts anderes als *die Erfassung des Wirklichkeitsbezugs des Kunstwerks ist und somit die Erfassung der existentiellen Bedeutung des Kunstwerks für den Betrachter.*

Hier wird also *dieselbe* Gesetzmäßigkeit wirksam, die das künstlerische Schaffen leitet: *In dieser Hinsicht* ***muss die Authentizität des Schaffens des Kunstwerks durch die Authentizität der Aufnahme bzw. Betrachtung des Werks ergänzt werden.***

Erst dann *gilt das Kunstwerk als* ***wirklich*** *und* ***erst dann*** *kann* ***seine Wirkung kunstmäßig vollzogen*** *werden.*

Diese Ergänzung und diese Entsprechung der Authentizität des Kunst-Schaffens und der Kunst-Aufnahme in der Verwirklichung des Kunstwerks bedeutet, dass ***bei der Betrachtung des Kunstwerks jeder allein steht!*** Hier, wo es um die

Wirkung der Kunst geht, können uns die Kunsterfahrungen und die Ergebnisse der Kunstbetrachtungen anderer, wenn überhaupt, nur sehr bedingt helfen: *Hier steht jeder allein mit sich selbst vor sich selbst und bedenkt sich selbst!*

Die Verwirklichung des Kunstwerks und als Folge die damit verbundene Forderung nach und die damit verbundene Förderung der *Selbstverwirklichung* ist ein Prozess, den *jeder für sich machen kann und machen muss.*

Alles, was die Umstände der Entstehung des Kunstwerks betrifft, also die ganz bestimmte persönliche Situation und die ganz bestimmte Persönlichkeit des Künstlers, der ganz bestimmte Zeitgeist und die ganz bestimmte Zeittendenzen, die auf das Schaffen mitwirkende Umwelt und dergleichen mehr, all diese Informationen können uns gegebenenfalls *bis zum Kunstwerk führen.*

Das Ein- und Durchdringen in das Werk, *das wahre Erfassen eines Kunstwerks*, d.h. die Deutung des Kunstwerks an sich (seine Verwirklichung), *dazu werden uns diese Informationen und die Erfahrungen und Betrachtungen von anderen nicht führen* – genauso wie die Tatsache, dass Informationen und Erfahrungen von anderen Menschen allein nicht zur Selbsterkenntnis führen können und deshalb auch allein nicht ausreichen, um den Vorgang der Selbstverwirklichung wirklich in Geng zu setzten.

Daher ist das *Beharren auf dem bloß Ästhetischen*, sowie der Versuch, die eigene Lebensweise danach auszurichten, nicht bloß einseitig, sondern als *Zeichen einer Blindheit* zu verstehen.

Zu verstehen, was Kunst eigentlich bedeuten kann und in der *Verwirklichung* des Kunstwerks auch tatsächlich bedeutet, das *setzt eine harte Arbeit voraus* und *ist* auch selbst eine *sehr harte Arbeit*, zu der oft, – allzu oft selbst verschuldet – nur (relativ) wenige Menschen (wirklich) bereit sind.

Und diese Arbeit ist hart, weil letztlich **nicht das Kunstwerk** *das Objekt der Betrachtung ist, sondern* **der Betrachter selbst**.

Das Subjekt der Betrachtung ist also das Ziel seiner Betrachtung: **Die unvoreingenommene Begegnung mit sich selbst ist ein voraussetzungsreicher, durch Reife und Ernst bedingter Vorgang**. Das gilt im Allgemeinen, aber für die Aufnahme von Kunst im Besonderen.

Eine Regel, die uns ermöglichen würde, an Kunst „unpersönlich" und insofern „unbelastet" teilzuhaben, eine solche Regel gibt es nicht und kann es auch nicht geben. Wesentlich für die Kunst, für das Kunstschaffen wie für die Kunstbetrachtung ist die *persönliche* Verbindung mit dem *Wirklichkeitsganzen*, was wiederum die *Verbindung mit sich selbst bedeutet*.

Was die Wirkung des Kunstwerks betrifft, bedeutet dessen Regellosigkeit, dass *diese Wirkung des Werks*, wie sie sich *erfahrungsmäßig* vollzieht, *nicht mit den Wirkungsmöglichkeiten identisch ist, die in ihm latent verborgen sind*, und es ist auch fraglich, ob diese empirisch bestimmten und festgestellten Wirkungen *jemals diese Wirkungsmöglichkeiten decken* werden.

Eine dem Wesen der Kunst entsprechende Wirkung ist aber *auf jeden Fall* ein Vorgang, in dem *die flüchtige, zufällige Individualität des Betrachters aufgehoben* wird, ein Vorgang, der bewusst macht, dass *Leben in Selbstverwirklichung die Lebensform ist, die dem Wesen des Menschen entspricht.*

Hier *und nicht anderswo* **besteht der Wert der Kunst und ihre Werke**!

Zusammenfassend können wir also sagen, dass das Verhältnis von Kunst und Leben letztlich *von der Aufmerksamkeit und dem Grad der aktiven Rolle des* **Kunstbetrachters** abhängt. Denn das Verstehen von Kunst stellt keinen einfachen Vorgang dar. Im Gegenteil: *Dieser Vorgang stellt einen Zusammenhang dar, in dem verschiedene Faktoren auf mannigfaltige und komplizierte Weise miteinander verbunden sind.*

Diese Tatsache wird einerseits durch das Wesen der Kunst bedingt, sie wird aber andererseits dadurch bedingt, dass der Zugang zur Kunst immer ein *sehr persönlicher* Zugang ist, der nicht bloß in einer „Interpretation" bzw. „wissenschaftliche Interpretation" bestehen kann, denn diese ihrem Wesen nach neutral sind.

Was die *Wichtigkeit* dessen betrifft, was durch diesen *persönlichen* Zugang *erkannt und dabei angeeignet* wird, diese Wichtigkeit scheint doch die treibende Kraft hinter der Anziehung von Kunst für die Menschen zu sein: Die breite, unbeschränkte Teilnahme an Kunst in unserer Zeit, sei es echte oder nur vermeintliche Kunst, auch wenn diese Teilnahme oft, allzu oft nur oberflächlich ist und in Verlegenheit einmündet, *auch dann* trägt sie *das Zeichen einer inneren Teilnahme* und *kann nicht bloß mit Begriffen wie „Entspannung“ und „Unterhaltung“ erklärt* werden.

Auch die „Masse“, die sich durch Kunst (gleich welcher Art) angezogen fühlt, auch *sie spürt schon, dass* **hinter dem äußerlichen Erscheinungsbild** *der einzelnen Kunstwerke etwas schlummert, das für sie wichtig ist –* auch wenn sie diese Tatsache kaum so formulieren kann und nicht in der Lage ist, zu sagen, was dieses „Etwas“ eigentlich ist oder sein sollte und warum es für sie wichtig sein sollte.

II.3. ZUR EINTEILUNG DER KÜNSTE

1. Im ersten Kapitel haben wir auf die logischen Möglichkeiten des Verhältnisses des Subjekts als Wirkliches zu der Wirklichkeit im Ganzen hingewiesen. In dieser Beziehung

unterscheidet sich zwar das Subjekt von dem „Rest der Welt", seine eigene Bestimmung als Wirkliches, d.h. die Bestimmung seines Wesens und die Bestimmung der Art seiner Verwirklichung werden dabei jedoch noch nicht offenbart.

Diese Bestimmungen können *nur* durch die Beziehung des Subjekts als Wirkliches *zu sich selbst* vollzogen werden. In dieser Rückbeziehung des Subjekts auf sich selbst wird die *Rationalisierung des Subjekts* vollzogen, und zwar in zwei verschiedene Richtungen: In beiden Richtungen geht es um die *Rationalisierung des Subjekts als Subjekt*. Das heißt, hier geht es um die *Objektivierung dessen, was das Subjekt als Subjekt ausmacht und ausdrückt.*

In der einen Richtung handelt es sich um die Beziehung von Subjekt zu Subjekt und um das Gebiet, das durch diese Beziehung konstituiert wird; gemeint ist das Gebiet der Sittlichkeit und das des Gemeinschaftslebens. In der zweiten Richtung handelt es sich um den *Ausdruck der Subjektivität als solcher und das Gebiet, das dadurch bestimmt wird*; gemeint ist das Gesamtgebiet der **Kunst**.

Die Erscheinungen der Kunst, also die Kunstwerke, haben wir folgendermaßen charakterisiert: *Im Kunstwerk als Produkt eines empirisch zufälligen Individuums offenbart sich dem betrachtenden Subjekt, das wiederum ein empirisch zufälliges Individuum ist, die* **Wahrheit** *in seiner Subjektivität und überhaupt die* **Wahrheit** *der Subjektivität.*

Damit erzeugt der Künstler eine *Beziehung des eigenen,* **persönlichen Subjektiven** *wie auch des* **persönlichen Subjektiven** *des Betrachters des Kunstwerks zur* **Wirklichkeitsordnung** *in ihrem weitesten Zusammenhang.*

Hier, in diesem großen Zusammenhang ist auch die *existentielle Bedeutung* der künstlerischen Darstellung sowohl für die schaffende Person als auch für die betrachtende Person begründet. Diese *existentielle Bedeutung* des Kunstwerks, d.h. **der Bezug des Werks zum Wesentlichen im Dasein des individuellen Menschen als solchem** besteht **nur** *in der Stellung des Kunstwerks in der* **übergeschichtlichen, ja überzeitlichen** *Dimension der Wirklichkeitsordnung insgesamt und somit der* **Wahrheit überhaupt.**

In ihm selbst, im Tiefen seiner eigenen Persönlichkeit, und nicht in etwas außerhalb seiner selbst, erfasst der Künstler **etwas Ursprüngliches**, *das er geistig verarbeitet und dessen Entfaltung er insgesamt in der Darstellung in seinem künstlerischen Werk seine Erfüllung findet.*

2. Die entscheidende Frage in diesem Zusammenhang lautet: Gibt es bestimmte *charakteristische Formen des Ausdrucks der Subjektivität als solcher?*

Betrachten wir die *Tatsächlichkeit des Subjekts und seine Ausdrücke,* so lässt sich der Bereich der künstlerischen Produkte grundsätzlich in vier Unterbereiche einteilen: *1.* Der

Bereich der *materiell geformten eigenständigen Werke* wie die Werke der sogenannten bildenden Künste, *2.* der Bereich der *verschiedenen Arten der Erzeugung von akustisch formulierten Einheiten, 3.* der Bereich der *verschiedenen Arten der Erzeugung von sprachlichen Ausdruckformen* und *4.* der Bereich der *verschiedenen Arten der sogenannten inszenierten Werke.*

Die Ausdrucksformen der verschiedenen Bereiche können sich natürlich überschneiden oder befinden sich zum Teil an der Grenze zu anderen Ausdrucksformen und verbinden sich mit ihnen zu neuen Ausdrucksformen. *Ihre Eigenart* wird aber dadurch nicht verletzt; im Gegenteil: *Sie wird eher betont.*

Die Eingrenzung des Bereichs der Kunst durch die oben genannten Ausdrucksformen wird, wie gesagt, durch die Art der Beziehung des Subjekts zu sich selbst bestimmt. Das heißt, die Einteilung der Künste in die verschiedenen Unterbereiche ist somit *eindeutig und endgültig,* eben weil *die Stellung des Subjekts im Gefüge des Wirklichkeitsganzen* in gleicher Weise, also eindeutig und endgültig bestimmt *ist.* Es gibt mit Sicherheit auch andere Ausdrucksformen eines Subjekts (Schreien, Lachen, Reden und dergleichen mehr), diese können aber *an sich nicht* als *künstlerische* Ausdrucksformen gelten.

Wenn wir sagen, dass *sich dem betrachtenden Subjekt (das ein empirisch zufälliges Individuum ist) im Kunstwerk (das ein Produkt eines ebenfalls empirisch zufälligen Individuums ist), die* **Wahrheit** *in seiner Subjektivität und überhaupt die* **Wahrheit** *der Subjektivität offenbart,* so betonen wir nicht bloß den künstlerischen Ausdruck, sondern den *Wahrheits*ge-*halt* dieses Ausdrucks.

Von der systematischen Einleitung des Systems wissen wir, dass die *Erkenntnis der Wirklichkeit die Rationalisierung derselben* bedeutet. Dementsprechend wird diese Erkenntnis **begrifflich-konzeptuell** dargestellt. *Insofern muss die Rationalisierung des Subjekts als solches* **begrifflich-konzeptuell** *vollzogen werden.*

Das ist auch der Maßstab, der uns ermöglicht, die verschiedenen Kunstbereiche nach dem Maß ihrer *begrifflich-konzeptuellen Ausdrücklichkeit* und insofern ihrer *Erkenntnismäßigkeit* zu ordnen.

Es ist klar, dass sich, wie gesagt, Zweige der verschiedenen Bereiche überschneiden oder sich zum Teil an der Grenze zu anderen Ausdrucksformen befinden und sich mit ihnen zu einer neuen Ausdrucksform verbinden. Das ändert jedoch nichts an der *Tatsache*, dass es sich um *eigenständige künstlerische Ausdrucksformen* handelt.

In jedem dieser oben genannten Kunstzweige gibt es Werke von unterschiedlichem begrifflich-konzeptuellen Niveau. Insofern macht es wenig Sinn, die Künste in eine Rangordnung zu zwingen, obwohl man *ganz allgemein* die Künste zwischen zwei Enden einrahmen kann: Zwischen dem Klang als der sinnvoll formulierten musikalischen Einheit, die den ursprünglichsten und subjektiv stärksten Ausdruck darstellt, und zwischen dem künstlerisch möglichst höchsten begrifflich-konzeptuellen Niveau des Ausdrucks im Gedicht. (Poesie)

In beiden oben genannten Kunstbereichen gilt es, gründliche Deutungsarbeit als Erkenntnisarbeit zu leisten. Der Unterschied zwischen beiden Bereichen kommt in dem Unterschied zwischen *Abstraktheit* (Poesie) und *Konkretheit* zum Ausdruck. Die *Konkretheit des Klangs* als einer sinnvoll formulierten musikalischen Einheit wird, trotz ihrer starken gefühlsmäßiger Wirkung, durch *begrifflich-konzeptuelle Unbestimmtheit* charakterisiert. Besonders sichtbar wird diese Tatsache in den Zweigen des Bereichs der Musik, bei denen das Wort hinzukommt wird.

Wir müssen in diesem Zusammenhang zwischen *begrifflich-konzeptueller Unbestimmtheit* und *begrifflich-konzeptueller Armut* unterscheiden. Das Wesen der begrifflich-konzeptuellen Armut können wir mittels des Bilds der Ziffer Null – 0 – beschreiben: Hier bewegen wir uns im Kreis, ohne dass wir einen Anhaltspunkt bestimmen können, der uns ermöglicht, den Kreis zu verlassen. Bedenken wir die Grundlagen des Systems, so heißt das *begrifflich-konzeptuelle Leere*.

Begrifflich-konzeptuelle Unbestimmtheit bedeutet *vielfältige begrifflich-konzeptuelle Deutungsmöglichkeiten*, ohne die Möglichkeit, wegen der stark subjektiven Wirkung, einen Anhaltspunkt zu finden, der es uns ermöglicht, unter ihnen eine *privilegierte* Deutung als Erkenntnis zu bestimmen.

3. Was die begrifflich-konzeptuelle Abstraktheit angeht, so haben wir in der Darlegung der Grundlagen des Systems betont, „dass die einzelnen Bewusstseinsdaten nicht isoliert nebeneinander stehen oder einander folgen, sondern immer ein geordnetes („geformtes") Ganzes darstellen, sie stehen also immer in bestimmten Beziehungen zueinander, die das Denken bestimmen. Während wir uns jedoch der einzelnen Daten selbst bewusst sind, die in unserem Bewusstsein da sind oder gegeben sind, sind die *Beziehungen*, die diese Daten bestimmen, in unserem Bewusstsein *nicht* (unmittelbar) gegeben.

Diese Beziehungen bestimmen die Art und Weise, wie die einzelnen Daten aufeinander wirken, sie sind selbst jedoch nur „implizit" bewusst, d.h. sie werden selbst nicht unmittelbar wahrgenommen. *Diese Tatsache lässt einzelne Daten als letzte, nicht zusammengesetzte Einheiten erscheinen, was ihre „konkrete" Natur ausmacht, während die Beziehungen, welche die Natur dieser Daten bestimmen, nur als „Abstraktionen" von diesen Daten betrachtet werden.*

Diese Unterscheidung betrifft jedoch nur die *Oberfläche* der im Bewusstsein auftretenden Inhalte. Denn es ist nicht so, dass wir einzelne Bewusstseinsdaten „sehen", aber nicht die Beziehungen zwischen ihnen: *Die Einzeldaten selbst stellen ursprünglich schon Gefüge von Beziehungen dar!*

Wir haben schon einmal im Zusammenhang mit Humes Einstellung zur Wirklichkeit betont, dass, wenn wir etwas überhaupt als Einzelding oder als Eigenschaft oder Qualität definieren und identifizieren können, es sich dann *immer schon* um Gefüge von Beziehungen handelt, die diese Dinge, Eigenschaften oder Qualitäten bestimmen: Alles, was *ist*, stellt *von vornherein* ein Gefüge von Beziehungen dar.

All das, was wir einem einzelnen Datum oder Gegenstand (im allgemeinsten Sinn) zuschreiben, und das betrifft sowohl qualitative und quantitative Eigenschaften wie auch Identität, Einheit und Beständigkeit, *ist*, streng genommen, *nichts anderes als ein Gefüge von Beziehungen, die diese Faktoren zu dem bestimmen, was sie eben sind.*

In diesem Sinne sind auch die **elementarsten** *Daten unseres Bewusstseins immer schon, d.h. von vornherein, „Abstraktionen"*, denn sie stellen *immer schon ein Gefüge von Beziehungen* dar. Es ist zwar Tatsache, dass unsere unmittelbar bewussten Daten nicht als Gebilde auftreten, die aus elementaren Teilen zusammengesetzt sind, die wir jedes allein als „elementar" identifizieren können. Es ist aber *logisch unmöglich*, irgendetwas zu bestimmen, ohne es in Beziehungen zu setzen, sei es eine Farbe, eine Form, ein Gedanke, ein Ding oder was sonst auch immer.

Aus einem weiteren Grund sind eigentlich *alle einzelne Daten „abstrakt"*: weil das, was uns unmittelbar bewusst ist, nicht alles zeigt und nicht alles zeigen kann, was zu seiner Identität als etwas Bestimmtem, also zu seinem Begriff, beiträgt. Aber auch diese wenigen eigentümlichen Merkmale, die zur Identität von etwas als einem bestimmten Etwas beitragen, machen selbst nur einen Teil vom Gesamtumfang der eigentümlichen Merkmale aus, die dieses Etwas als solches bestimmen.

So z.B. zeigt uns das Bewusstseinsdatum, das wir als „Tisch" bestimmen, nicht unmittelbar alle eigentümlichen Merkmale, deren Beziehungen zueinander einen Tisch bestimmen. Uns sind immer nur wenige solcher Merkmale unmittelbar bewusst. Hier haben wir also eine *doppelte Abstraktion*: Wir identifizieren etwas als Tisch, obwohl uns nicht alle konstitutiven Faktoren eines Tisches gegeben sind; und zweitens haben wir die Fähigkeit, aus diesen wenigen Faktoren, deren wir uns bewusst sind, auf den Gesamtumfang der konstitutiven Faktoren zu schließen, die einen Tisch bestimmen, und haben damit die Möglichkeit, dieses Etwas doch zu bestimmen, nämlich als Tisch.

Man sieht also, dass *die Unterscheidung zwischen „abstrakt" und „konkret"* nicht nur undeutlich ist, sondern, wenn man es streng nimmt, *jeder Grundlage entbehrt.*

Diese Unterscheidung ist Folge der *falschen* Auffassung, die besagt, dass uns das, was man als „Sinnesdaten" bezeichnet, Objekte der „Außenwelt" vermitteln, und dass diese Objekte durch eine Zusammensetzung dieser durch die Sinne vermittelten Daten konstituiert sind und sie so in ihrer Bedeutung und in ihrem Dasein „konkret" machen.

Einer der Ausdrücke der Beziehung zwischen dem Denken als Wirklichem, dem Bewusstsein und der Erfahrung besteht in der Tatsache, dass wir *nur* solche Einzelvorstellungen von der „Außenwelt" haben können, die wir *schon einmal erfahren haben.*

Das heißt, unsere Vorstellungen von der sogenannten Außenwelt sind nicht unsere „Schöpfungen", sondern Ausdruck unserer Erfahrung: Wir haben keine Möglichkeit, uns etwas von einer Außenwelt vorzustellen, die nicht die „unsrige" ist, sondern von uns erst „geschaffen" wurde. Mit anderen Worten: Wir können uns nur solcher Einzel-„Bilder" bewusst sein, die wir schon einmal „gesehen" haben.

Die Grundordnung der Vorstellungen ist vom Denken bestimmt. Die unterschiedliche *Zusammensetzung* der Vorstellungen kann beliebig sein, jedoch unter der Voraussetzung, dass nur die „Elemente" solcher Zusammensetzungen schon einmal bewusst waren. Nehmen wir als Beispiel das Einhorn: Die Vorstellung eines Einhorns ist eigentlich eine Zusammensetzung von einzelnen, uns schon bekannten Vorstellungen. Die Tatsache, dass es keiner gesehen hat, d.h. keiner es erfahren hat, spielt hier keine Rolle. Die Frage, ob es so etwas wie ein Einhorn wirklich gibt oder gab, ist *einzig und allein eine Erfahrungssache.*

Und das gilt allgemein: Alle fiktiven Gebilde und Gestalten, deren wir uns bewusst sind bzw. die wir bewusst als solche konstituieren können, sind im Grunde eine Zusammensetzung von Vorstellungen, die wir *schon* erfahren haben. Jede Mythologie kann als Beispiel dienen, aber ebenso gut jede Science-Fiction. *Der Wirklichkeitswert einer Vorstellung wird und kann auf gar keinen Fall im Bewusstsein selbst bestimmt werden.*

Wir können die fregesche Unterscheidung zwischen Sinn und Bedeutung auf Vorstellungen im Allgemeinen übertragen und sagen, dass jede beliebige Zusammensetzung von Vorstellungen zwar Sinn hat, jedoch nicht unbedingt Bedeutung. Das heißt, wir verstehen, was mit oder in dieser Zusammensetzung inhaltlich gemeint ist, jedoch muss das nicht bedeuten, dass sie eine Parallele in der Erfahrung hat: Um Bedeutung zu haben, muss sie Sinn haben, aber nicht alles, was Sinn hat, hat auch Bedeutung.

Gefühle, eine weitere Art von Vorstellung, *sind das ausgezeichnete Merkmal der Individualität des Subjekts*. Sie bezeichnen die Art des In-Beziehung-*Stehens* des Subjekts, bestimmen aber seine Beziehung zu sich selbst und zu anderen Subjekten, sind also auch eine Art des In-Beziehung-*Setzens*, und zwar, eine Art, die wir „**Verhalten**" nennen. Liebe und Angst, Hass und Zorn, Hunger und Durst, Freude und Trauer und ähnliche Bestimmungen bezeichnen einmal die Beziehung des Subjekts zu seiner Umwelt im *passiven* Sinn, d.h. als leidend, und einmal seine Haltung zu dieser Umwelt, d.h. seine *aktive* Einstellung zu dieser Umwelt. Diese beiden Aspekte kommen im Begriff der **Situation** zum Ausdruck, und *die Gefühle sind eine Bezeichnung für die „menschliche Situation" des Subjekts.*

Gefühle und bestimmte Eigenschaften der Erfahrungsdaten werden dadurch gekennzeichnet, dass sie „erlebt" oder „empfunden" werden, d.h. von Erlebnis- oder Empfindungsbewusstsein begleitet oder mit ihm verbunden sind. Dieser Erlebnis- bzw. Empfindungscharakter der Gefühle und diese bestimmten Eigenschaften nennen wir „*Qualitäten*".

Das Qualitative ist jedoch hier *nicht* im Sinne des Gegensatzes zum Quantitativen gemeint, sondern es bezeichnet die **Ausschließlichkeit** *des Zuganges* eines Subjekts zu seinen eigenen „Erlebnissen" bzw. „Empfindungen": In der Ordnung der Wirklichkeit lässt sich keine Stellung „wechseln".

Ausdruck dieser Tatsache ist das eigentümlich Subjektive und das Qualitative ist Ausdruck dafür, dass die Erfahrung eines Subjekts immer **seine Erfahrung** ist und ihm eigentümlich ist. Während *das Wirkliche in der Erfahrung allen Subjekten* *gemeinsam ist, ist die Erfahrung selbst immer die Erfahrung eines bestimmten Subjekts* (die Beziehung zwischen Denken überhaupt und dem Denken als Wirklichem).

Hier muss jedoch betont werden, dass *das Qualitative*, obwohl es Zeichen des Subjektiven ist, **an sich** eine *gedanklich objektive Bestimmung* darstellt. Sonst könnte sich das Subjekt *weder* der Gefühle *noch* bestimmter Eigenschaften von Dingen *bewusst sein*. Das ermöglicht dem Subjekt, aber eventuell auch anderen (z.B. Psychologen) den Zugang zu seiner sogenannten inneren Welt, also zu sich selbst."

4. Genau diese Eigenschaft der Abstraktheit charakterisiert die *Dichtung*, und zwar in beiden Bedeutungen des Wortes: Als *das Verfahren des Dichtens im Sinne von in der Sprache Verdichten* und als *das Ergebnis dieses Verfahrens im Gedicht*.

Wenn die Dichtung etwas Bestimmtes aussagen will, so benutzt sie das Mittel der Abstraktion. Die Dichtung offenbart dabei die *Bedeutung* dessen, wovon sie spricht.

Bedeutung ist aber immer „abstrakt". Wenn wir überhaupt etwas denken können, wenn wir überhaupt irgendetwas als ein bestimmtes Etwas bestimmen und wahrnehmen können, wenn wir es überhaupt als „konkret" bezeichnen können, dann bedeutet das, dass wir uns von vornherein im Bereich des „Abstrakten" bewegen: ***Es gibt nichts Abstrakteres als das Konkrete oder gar als das Konkreteste selbst***!

Diese eben gedeutete Identität zwischen „abstrakt" und „konkret" hat ihren Grund darin, dass *im Konkretesten, also im Bestimmtesten in unserer Erfahrung, wenn es als wirklich bestimmt ist, die gesamte Grundordnung der Wirklichkeit immer schon latent wirksam ist*: Weil diese Grundordnung in ihm *latent* enthalten und wirksam ist, erscheint es als „konkret".

In dem Moment jedoch, wo es *erkannt* wird, d.h. in dem Moment, wo das Wirkliche in unserer Erfahrung als etwas Konkretes bestimmt wird, erscheint es als „abstrakt".

Diese Bestimmung des Wirklichen in unserer Erfahrung vollzieht sich in der Sprache und kommt in ihr zum Ausdruck: Der Satz oder das Urteil drückt die deduktive Grundordnung des in der Erfahrung gegebenen Inhalts aus.

Diese Tatsache lässt den Eindruck entstehen, dass das Denken bloß „konzeptuell", d.h. „abstrakt" ist und dass es nur mit „abstrakten Konstruktionen" und mit „Klassifikationen" zu tun hat, was zu der entsprechenden Auffassung vom „Begriff" führt.

Als Beleg für die „Abstraktion" des „konzeptuellen" Denkens nennt man die Tatsache, dass das Denken auch für andere Zwecke als Erkenntnis angewandt werden kann. Dass das Denken als Instrument für andere Zwecke als Erkenntnis benutzt werden kann, wird hier gar nicht bestritten. Nur ist das kein Beweis für die „Abstraktheit" des Denkens, d.h. dafür, dass es „leer" ist. Das Denken zeigt *immer dieselbe* Grundordnung auf, eben die deduktive Grundordnung des Denkens überhaupt. Und was in ihm bzw. von ihm gedacht wird, ist, indem es in ihm bzw. von ihm gedacht wird, einerseits „konkret", andererseits aber „abstrakt". Das heißt, *als etwas Bestimmtes ist es „konkret", jedoch gerade seine Bestimmtheit offenbart es als „abstrakt".*

5. Hier kommt auch die *systematische Bedeutung der* **Sprache** zum Vorschein: ***Die Sprache vermittelt zwischen dem Denken als Glied der Wirklichkeit und dem Denken, das als die einzige Instanz verstanden wird, die etwas als wirklich überhaupt bestimmen kann und zwar durch eine begriffliche Bestimmung, welche die beiden Aspekte des Denkens in sich vereinigt: das Besondere und das Ganze, in dem es als sein Glied besteht.***

Die **Sprache** *vermittelt somit zwischen Erfahrung und Wirklichkeit durch die* **begriffliche Bestimmung** *der Erfahrung eines bewussten Gliedes der Wirklichkeit.*

Das Sich-selbst-Betrachten aus zwei verschiedenen Perspektiven ein und desselben Denkens, *etwas, das in der Sprache zum Ausdruck kommt,* kann im Grunde *nur dann* geschehen, *wenn* die Sprache *dieselbe* Struktur wie die der Wirklichkeit (= Denken überhaupt) einerseits und *dieselbe* Struktur wie das Denken als Glied der Wirklichkeit andererseits aufweist.

Das heißt, die Bestimmung des Subjekts eines Satzes und die Beziehung eines Satzes zu anderen Sätzen geschieht oder muss in derselben Weise geschehen, wie die Bestimmung eines Einzelgliedes der Wirklichkeit und seiner Beziehung zu anderen Wirklichkeitsgliedern, und weist *dieselbe Struktur wie diese* auf. Da diese Vermittlung nur über *Bewusstsein* und

Erfahrung geschehen kann, müssen auch diese Faktoren *die-selbe* **Struktur** und **denselben** *realen Umfang aufweisen. Dieser Umfang ist insofern ein realer Umfang, als wir nicht etwas Wirkliches denken können, ohne uns dessen bewusst zu sein und es sprachlich ausdrücken zu können.*

Es ist überflüssig zu bemerken, dass dies für die umgekehrte Richtung *nicht* gilt: Nicht jede beliebige Zusammensetzung, sei sie sprachlicher oder bewusstseinsmäßiger bzw. erfahrungsmäßiger Natur, muss auch Wirklichkeit darstellen beziehungsweise wirkliche Gültigkeit besitzen. Diese Identität der Struktur, der inneren Gliederung und des realen Umfanges zwischen dem Denken als Einzelglied der Wirklichkeit, dem Bewusstsein, der Sprache, der Erfahrung und dem Denken überhaupt ist natürlich nicht zufällig, sondern durch die Struktur, die innere Gliederung und den Umfang des Denkens selbst in seinen zwei Aspekten bedingt und zwar, indem diese Faktoren diese beiden Aspekte, oder genauer gesagt, das Denken selbst widerspiegeln bzw. als ihre oder als sein konstituierendes Prinzip aufweisen.

Eins müssen wir hier betonen: *Autonom und souverän ist* **nur** *das Denken überhaupt.* Nur dieses kann als die gesetzliche Grundlage aller Wirklichkeit gelten. „Sprache", „Wirklichkeit", „Bewusstsein", „Subjekt" und „Erfahrung" lassen sich nur vom Denken her als solche bestimmen, und ihre Einheit muss im Denken bestimmt und festgelegt werden. *Keiner dieser Faktoren kann sich seine Einheit und seine Identität selbst verleihen.* Ihre Einheit und Identität werden und sind *ausschließlich* vom Denken bestimmt.

Ohne eine ursprüngliche Einheit vorauszusetzen, lassen sich diese Faktoren nicht einmal *denken*. Und da sie alle Denkbestimmungen sind, kommt das Denken überhaupt, d.h. das Denken, das alles Wirkliche als wirklich bestimmt und das als Ausgangspunkt zur Erkenntnis der Wirklichkeit gilt, in seinem Versuch, die Welt zu erkennen, nicht aus sich selbst heraus. *Der Inhalt der Erkenntnis ist **die** Wirklichkeit bzw. **die** Wahrheit*. Die Erfahrung wird in der *Erkenntnis* der Erfahrung in *Wirklichkeit* verwandelt, was heißt, dass die Erfahrung durch das Gesetz objektiviert wird, durch das sie erkannt wird, was aber auch heißt, dass das Objektive in der Erfahrung das Wirkliche in ihr ist.

Und das bedeutet wiederum, dass ***in der Erkenntnis der Wirklichkeit die Subjektivität überwunden wird und zwar dadurch, dass das erkennende Subjekt einen universellen Gesichtspunkt, d.h. eine rein logische bzw. epistemologische Betrachtungsposition eingenommen hat***. Damit wird der Kreis, der mit dem Denken anfängt, im *Denken selbst* geschlossen.

*Die systematische Bedeutung von „Bewusstsein", „Sprache", „Erfahrung" und „Subjekt" besteht in ihrer **ursprünglichen und unvertauschbaren** Funktion in der Bestimmung der Möglichkeit der Erkenntnis.*

In diesem Zusammenhang ist es wichtig einzusehen, dass die Beziehung zwischen „Denken" (in beiden Aspekten), „Bewusstsein", „Sprache", „Erfahrung" und „Subjekt" nach dem Prinzip *„alles oder nichts"* bestimmt ist: Das Fehlen des einen lässt die anderen schlagartig verschwinden. *Sie sind nicht einfach notwendige Momente einer Einheit, sondern **jeder von***

ihnen trägt die gesamte Einheit. Das ist auch der Grund, warum sie alle eine „Zaubereinheit" bilden, die in jedem von ihnen *immer schon wirksam* ist, und zwar in der Weise, dass mit der Aufhebung eines jeden von ihnen die ganze Einheit aufgehoben wird.

6. Möchten wir die verschiedenen hier dargelegten systematischen Aspekte in der Bestimmung des Wesens der Dichtung verbinden, so müssen wir den Zusammenhang zwischen Sprache, Abstraktheit und Wahrheit bedenken, der der Dichtung ihre Ausdrucksmöglichkeit verleiht.

Das Wesen der Kunst, zu der die Dichtung gehört und die auch dieses Wesen in besonderer Weise zum Ausdruck bringt, haben wir folgendermaßen charakterisiert: *Im Kunstwerk findet eine Verwandlung statt, in der ein Individuum etwas Allgemeingültiges herstellt, und zwar dadurch, dass es selbst als Subjekt tätig ist.*

Diese Verwandlung besteht darin, dass in der Persönlichkeit des Künstlers selbst, *gleich wodurch* veranlasst, *etwas Ursprüngliches* erfasst und geistig verarbeitet wird, dessen Entfaltung insgesamt in der Darstellung des *Wesentlichen der Subjektivität im Kunstwerk* ihre Erfüllung findet.

Im Kunstwerk als Produkt eines empirisch zufälligen Individuums offenbart sich dem betrachtenden Subjekt, das wiederum ein empirisch zufälliges ist, die Wahrheit in seiner Subjektivität und überhaupt die Wahrheit der Subjektivität.

Damit erzeugt der Künstler eine *Beziehung des eigenen* **persönlichen Subjektiven** *wie auch des* **persönlichen Subjektiven** *des Betrachters des Kunstwerks* zur **Wirklichkeitsordnung** *in ihrem weitesten Zusammenhang.*

Hier, in diesem großen Zusammenhang ist auch die *existentielle Bedeutung* der künstlerischen Darstellung sowohl für die schaffende Person als auch für die betrachtende Person begründet. Diese *existentielle Bedeutung* des Kunstwerks, d.h. **der Bezug des Werks zum Wesentlichen im Dasein des individuellen Menschen als solchem**, *besteht* **nur** *in der Stellung des Kunstwerks in der* **übergeschichtlichen, ja überzeitlichen** *Dimension der Wirklichkeitsordnung insgesamt und somit der* **Wahrheit überhaupt**.

Die Tatsache, dass alle Fäden in diesem Punkt der eben dargestellten philosophisch-systematischen Grundbestimmung zusammenlaufen, macht uns auf *die starke,* **unaufhebbare** *Spannung zwischen dem Subjektiven und dem Objektiven im Kunstwerk* aufmerksam. Ein Subjekt schafft ein *Werk* und ein anderes Subjekt verwirklicht es als **Kunstwerk**.

Dies nun auf die Dichtung angewandt, bedeutet, dass das konkrete Erleben und dabei das konkrete Erlebnis des Dichters, das an sich *höchst subjektiv* ist, sprachlich so ausgedrückt und inhaltlich so beschrieben wird, dass die *objektive Allgemeinheit* des Dargelegten, als das, was es ist, seiner *konkreten subjektiven Besonderheit* entspricht, als etwas, das durch den Dichter erlebt wird.

Die Eigentümlichkeit der Sprache ermöglicht dem Dichter den Ausdruck von etwas, das an sich, wegen seiner einzigartigen, individuellen, subjektiven Prägung unaussprechlich ist, auf eine Weise zur Sprache zu bringen, dass in seiner persönlichen Sprache als Dichtung Wahrheit so offenbart wird, dass sie vom Betrachter bzw. vom Leser persönlich konkret zugänglich ist.

In dem engen Zusammenhang zwischen dem Wesen der Sprache und dem Wesen der Wahrheit ist das Wesen der Dichtung verankert: Die Vermittlung zwischen der Erfahrung eines Subjekts und der Wirklichkeit in der Sprache, wie die Bestimmung der Wahrheit als inhaltlich mit der Wirklichkeit identisch, entsprechen dem Wesen der Dicht-Kunst als Offenbarung der Wahrheit in der Subjektivität und überhaupt der Wahrheit der Subjektivität.

Der herkömmliche Sprachgebrauch birgt den *Vorgang des Verdichtens* latent in sich, offenbart dies aber nicht explizit. Die Dicht-Kunst lebt jedoch von der offenbaren Verwirklichung dieser Ebene des Sprachgebrauchs. *Die oben besprochene Spannung zwischen dem Subjektiven und dem Objektiven im Kunstwerk wie auch das Konkret-Abstrakt-Verhältnis sind für die Dicht-Kunst von konstitutiver Bedeutung.*

Die für die Sprache wesentliche Vermittlung zwischen Erfahrung und Wirklichkeit kommt in der Dichtung, in der Offenbarung bzw. in der *Veranschaulichung von verborgenen Wesenszügen der Subjektivität im Allgemeinen und der persönlichen Subjektivität des Dichters und des Betrachter-Lesers im Besonderen* zum Ausdruck.

Die für den Menschen so wesentliche Auseinandersetzung zwischen dem Innen und Außen, zwischen Erfahrung und Wirklichkeit, zwischen Person und Welt bekommt in der Dicht-Kunst ihren angemessenen Ausdruck. *Die Dichtung ist die einzige Kunst, die in der Lage ist, in der Sprache das umfassende Gleichgewicht zwischen dem innersten wahren Wesen der Subjektivität bzw. der persönlichen Subjektivität und dem innersten Wesen der Wirklichkeit als Wahrheit aufzuzeigen. Die sinnbildliche Sprache der Dichtung ermöglicht uns somit, bis in die Tiefe des Menschlichen durchzudringen.* Darin unterscheidet sich die Dichtung von der Prosa.

Diese Erfüllung der Sprache, die ihrer Natur nach durch Allgemeinheit geprägt ist, mit Sinnbildlichkeit, die ihrer Natur nach subjektiv bzw. persönlich subjektiv ist, diese Verdichtung des Abstrakten durch das Konkrete und die Verdichtung des Konkreten durch das Abstrakte, darin besteht die Kunst der Dichtung.

Ein besseres Verständnis dieses Gedankens kann uns der Ausdruck "*poetische* Landschaft" vermitteln. Mit einer solchen Landschaft bezeichnen wir die *idyllische* Landschaft. Dabei meinen wir gar nicht die Landschaft, sondern die *Art des Lebens*, das wir mit dieser Landschaft assoziieren. Es ist *keine Information über* die Landschaft, wie etwa "schöne Landschaft", "angsterregende Landschaft", "interessante Landschaft" und dergleichen mehr, also Ausdrücke, die die Landschaft selbst in den Augen des Betrachters in bestimmter Hinsicht charakterisieren und eventuell sein Verhalten in Bezug zu dieser Landschaft bestimmen: genießen, Schutzmaßnahmen ergreifen oder gegebenenfalls forschen.

Bei dem obengenannten Ausdruck handelt es sich eher um die Vorstellung einer Welt, die in der Regel als *heile Welt* bezeichnet wird, eine Welt, in der *harmonisches Miteinander* herrscht. *Hier geht es um einen Standard, der, indem er als allgemeingültig verstanden wird, nach Verinnerlichung und nach persönlicher Verwirklichung ruft.* Nehmen wir dies wahr, so werden wir dazu *gedrängt*, für uns die Frage zu klären, worin diese Welt besteht, jedoch nicht um uns über sie zu informieren und um sie zu wissen, sondern um diese Welt als *unsere* Welt zu verwirklichen. *Genau so verfährt die Dichtung mit ihrem Sprachwerk* und genau diese Wirkung erhofft sie zu erzielen. Dass wir dabei nicht den willkürlichen Gefühlsausbrüchen des Dichters ausgeliefert sind, davor schützt schon die Struktur der Sprache selbst.

Ich möchte meine Überlegungen mit den Worten Paul Valérys zusammenfassen, ohne jedoch mich dabei zu Valérys Gedanken und Absichten zu verpflichten: „Jedesmal, wenn die Sprache *eine gewisse Abweichung* von der direktesten, das heißt der *unsinnlichen* Ausdrucksweise des Denkens aufweist, jedesmal, wenn solche Abweichungen gewissermaßen eine Welt von Beziehungen ahnen lassen, die sich von der rein praktischen Welt unterscheidet, jedesmal begreifen wir dann mehr oder weniger deutlich die Möglichkeit, diesen Ausnahmebereich zu erweitern, und wir haben die Empfindung, ein Bruchstück eines edlen, lebendigen Grundstoffes zu erfassen, der vielleicht einer Entwicklung und Verfeinerung fähig wäre; entwickelt und zweckmäßig behandelt, bildet er die Substanz der Poesie, soweit sie auf künstlerischer Wirkung beruht. […]

Wenn der Dichter imstande wäre, Werke zu konstruieren, wo nichts mehr von allem, was Prosa ist, in Erscheinung träte, Gedichte, in denen die musikalische Kontinuität niemals unterbrochen wäre, in denen sogar die Verhältnisse der Bedeutungen fortwährend harmonischen Verhältnissen gleich wären, Gedichte, *in denen die Umwandlung eines Gedankens in einen anderen wichtiger erschiene als jeder einzelne Gedanke,* Gedichte, in denen das Spiel der Bilder die Wirklichkeit des Themas enthielte – dann könnte man von *reiner Poesie* sprechen wie von etwas, das es gibt. So ist es aber nicht: der praktische oder pragmatische Teil der Sprache, die Gewohnheiten und die logischen Formen und [...] die Unordnung und Irrationalität, die man im Wortschatz vorfindet (wegen der unendlich verschiedenartigen Wurzeln, der verschiedenen Zeitalter, in denen die Elemente der Sprache eingeführt worden sind), machen die Existenz solcher Schöpfungen absoluter Poesie unmöglich; aber es ist leicht zu begreifen, daß der Begriff eines solchen idealen oder imaginären Zustandes für die Beurteilung jedes in der Erfahrung vorkommenden Gedichtes von höchstem Wert ist.

Die Konzeption einer reinen Poesie ist die eines unerreichbaren Typus, eines idealen Grenzwertes der Wünsche, Bemühungen und Fähigkeiten des Dichters..."[60]

III.
ZUR KLÄRUNG DES PHÄNOMENS DER MENSCHEN-VERGESSENHEIT

III.1. EINLEITENDES

1. Der Ausdruck „*Menschen-Vergessenheit*" scheint in Zusammenhang mit Kultur eine Haltung zu bezeichnen, die vollkommen welt-fremd ist: Kultur ist doch für den Menschen da, ja sie sorgt für die Vervollkommnung seiner Menschlichkeit – und sie ist von **universeller Geltung**!

Die universelle Geltung der Kultur und ihre Inhalte sind keine Tatsache von bloß theoretischer Bedeutung. Ich zitiere aus der Eileitung:

„Die Rede von **„*universell*"** **in Bezug auf Erkenntnis und Kultur** will darauf aufmerksam machen und betonen, dass *jede Einschränkung von Kultur und begründeter Erkenntnis* – sei diese Einschränkung persönlich, national, ethnisch, geografisch oder sonstiger Weise geprägt – *dem Wesen* der Kultur und der begründeten Erkenntnis *absolut fremd* ist!

Konkret heißt das, dass die Gültigkeit, die Bedeutung, der Bezug und die Anwendung von Kultur und begründeter Erkenntnis für jeden Menschen genau *im gleichen Maß* gelten, was in Grundsätzen wie „Du sollst deinen Nächsten

lieben wie dich selbst!" und „Die Würde des Menschen ist unantastbar!"[10] zum Ausdruck kommt.

Wie wir gesehen haben, so ist es in der Tat die Bedeutung und die Rolle der Kultur zu verstehen – **falls sie das Innere des Menschen erreicht, von ihm angeeignet und verinnerlicht wird(!), was die Art der Beziehung der Menschen zu einander *unmittelbar* betrifft!**

Kultur ist also nicht bloß geschpeichertes Wissen, nicht bloß „Bildung", Wahrnehmung und Genießen von „Kulturangeboten". **Kultur ist in ihrem Wesen eine persönlichkeitsgestaltende und so zugleich eine verbindliche und zwischen-menschlich verpflichtende Angelegenheit!**

*Kultur ist in ihrem Wesen eine **wirkende Kraft**: Die Kulturschaffungen bergen in sich –* wie wir im Fall der Kunst erfahren haben – *den Grund ihrer Wirkung*. Diese zu erfahren heißt, *erstens* zu verstehen, dass uns deren Gehalt, von dem wir *berührt* sind, *angeh*t; und *zweitens* zu klären, *warum* sie uns berühren und warum sie uns persönlich angehen bzw. angehen sollen. ***Darin besteht die Lebens-Notwendigkeit der Kultur-Schaffungen!***

Kultur verpflichtet!! Sie verpflichtet uns zur Offenheit uns selbst gegenüber und zur Selbst-Erkenntnis – zugleich aber zum Mut dazu, sich selbst im Licht ***der* Wahrheit**[11] zu gestalten, was nichts anderes bedeutet, als dass **Kultur uns**

---

[10] Das dritte Buch Moses, 18,19; Artikel 1 des Grundgesetzes für die Bundesrepublik Deutschland

[11] Vgl. dazu System I

dazu verpflichtet, ihre gestaltende Wirkung in der persönlichen Lebensführung zum konkreten Ausdruck zu bringen!

Die *Wahrheit*, das Fundament der Möglichkeit der persönlichen Identität, des Sinns und des Glücks des persönlichen Lebens wie auch das Fundament der Gültigkeit der Kultur, sie – **die *Wahrheit* – *verpflichtet, und zwar absolut!*** Sie bedeutet in ihrem Wesen *absolute, kompromisslose Verpflichtung* und gleichzeitig *absolute, kompromisslose Verantwortung sich selbst, anderen und der Welt gegenüber!*

Genau das bringen beide oben zitierten Grundsätze zum Ausdruck: Wahrheit, die *nicht wir* bestimmt haben, sondern *die* Wahrheit[12], deren Geltung von uns erkannt werden soll und dabei von uns angeeignet und verinnerlicht werden sollte, um gelebt zu werden!

2. Die Rede von *der* Wahrheit soll nicht so verstanden werden, als ob die Wahrheit da stünde und darauf wartet, von uns entdeckt zu werden, um uns nach ihr zu orientieren.

Die Rede von *der* Wahrheit soll uns nicht täuschen, dass es angeblich eine „Wahrheit an sich" gibt. *Ein Wahrsein als von der Wirklichkeit losgelöste Gültigkeit kann es nicht geben, denn eben die Trennung macht es unwahr!* Von der Trennung von der Wahrheit und ihrer Verwirklichung, d.h. von der Trennung von Wahrheit „an sich" und Wirklichkeit kann nur

---

[12] ebd.

im begrenzten Sinn gesprochen werden, und zwar *nur dann*, wenn Erkenntnis und *technische Anwendung* der Erkenntnis auseinandergehen, wie etwa in dem Fall, wo physikalische Gesetzmäßigkeiten in Bau und Entwicklung von technischen Geräten angewandt werden. Aber solch eine Trennung kann nur für bestimmte besondere Verwirklichungen der Wahrheit in bestimmten Strukturen, nicht aber im Ganzen für Wahrheit schlechthin gelten.

Die Identität von Wahrheit und Wirklichkeit sehen wir deutlich gerade dort, wo der Inhalt der Wahrheit uns so wichtig ist, nämlich in der Erkenntnis der Wirklichkeit. Mit der Trennung von Wahrheit und Wirklichkeit würden sie beide ihre *Eindeutigkeit*, worauf es uns in der Erkenntnis ankommt, verlieren. Dies würde Erkenntnis unmöglich machen. *Die Identität von Wahrheit und Wirklichkeit bedeutet* mit anderen Worten, *die Intelligibilität der Wirklichkeit.*

Diese Intelligibilität der Wirklichkeit ermöglicht überhaupt die Erkenntnis der Wirklichkeit und die Feststellung der Wahrheit. Die Suche nach der Wahrheit und die Tatsache der Möglichkeit ihrer Feststellung soll uns jedoch nicht zu dem Schluss (ver)führen, dass diese festgestellte und erkannte Wahrheit schon vor ihrer Feststellung „da war".

Hier müssen wir sehr vorsichtig sein, und uns nicht durch bildhaftes Denken in die Irre führen lassen. Die Behauptung, die besagt, dass es objektive Wahrheit unabhängig von jedem Denken gibt, d.h. dass es „Wahrheit an sich" gibt, die als Wahrheit von keinem erkannt würde, ist eigentlich Ausdruck einer Auffassung, die die Möglichkeit der Wahrheit von der

Existenz einer *absolut bewusstseinstranszendenten* Wirklichkeit abhängig macht, die in ihrem bestimmten Sosein „ist" (existiert), und das auch, wenn keiner sie erkennt.[13]

Von *der* Wahrheit zu sprechen, bedeutet sich auf den *Weg der Wahrheit* zu begeben. Konkret bedeutet das, dass auf diesem Weg **Wahrheit und Leben** zu einer *identischen Einheit* verschmelzen, die man als **wahres Leben** bezeichnen kann, ein Leben, das im Unterschied und allzu oft im Gegensatz zu unserem im herkömmlichen Sinne verstandenen "guten Leben" zu sehen ist.

Die Tatsache, dass die Philosophie sich in jede Richtung der Wirklichkeit ausdehnt und alles in den weitesten Zusammenhang des Wirklichkeitsganzen setzt, diese Tatsache ändert nichts daran, dass ihre zentrale Frage die folgende ist: **Was ist der Mensch, was ist sein Wesen, und welche Bedingungen müssen erfüllt sein, damit er seinem Wesen gemäß leben und sich entwickeln kann?** Oder anders formuliert: Zu fragen, **welche Stellung hat der Mensch im Kosmos und was bedeutet die Bestimmung dieser Stellung konkret für sein individuelles Mensch-Sein in der Welt, hat nur im Rahmen der Wirklichkeit als Ganzen Sinn!**[14]

---

[13] Vgl. System I, S67ff.

[14] Vgl. dazu System III, S.7ff.

116

Und da *die* Wirklichkeit *erkenntnismäßig* mit *der* Wahrheit *identisch* ist, bedeutet das, dass *die* **Wahrheit**[15] zu leugnen, nichts anderes heißt, als den Menschen zu vergessen!!

Die *Menschen-Vergessenheit* ist eine *dynamische Größe*, sie stellt einen Prozess der *Verstumpfung dar*, der immer tiefer reicht – die Verstumpfung sich selbst, anderen und die Welt gegenüber!

3. Die Arbeit begann fragend bezüglich unserer heutigen Situation: Vor diesem Hintergrund lässt sich fragen, **wo die Schätze von Kultur und Bildung geblieben sind?** Sollten sie nicht in unserem Inneren niederschlagen und in uns ihre persönlichkeits-aufbauende Wirkung entfalten? Bestehen diese **Schätze** nur in Büchern und „Kulturangeboten"? Kann es sein, dass Literatur, Theater, Malerei, Bildhauerei, Musik und Tanz bloß „draußen" bleiben und nicht gestaltend auf uns einwirken?

Sollten Bildung und Kultur den Menschen nicht zu sich selbst näher bringen, dazu, den Schwerpunkt des persönlichen Daseins in die eigene Mitte verlegen– und ihn so wirklich als souveräne und mündige Person gestalten, statt ihn irgendwo im fremden Draußen zu verankern?"[16]

---

[15] Nur die systematisch gefasste Philosophie ist in der Lage, *die* Wahrheit zu ergründet und zu darlegen

[16] Siehe Vorwort

Es scheint, dass wir etwas *vergessen* haben, etwas, das uns in unserer schweren Situation aufrecht hält. Bildung und Kultur wurden nicht vergessen; ***ist es nicht das Fehlen ihrer eigentümlichen, person- und identitäts-aufbauenden Wirkung?*** Kultur ist, so sagt man, lebensnotwendig; sie ist besonders für diejenigen notwendig, die sie kennen und Kulturerfahrung haben. ***Als was haben sie Kultur erfahren und erlebt, dass da, wo sie gezwungen sind, vor sich zu stehen, diese aufbauende Wirkung der Kultur in sich nicht finden?***

Das Problem, so denke ich, liegt im Vergessen: Wir haben etwas Fundamentales vergessen!

III.2. Vom Wesen des Vergessens im Allgemeinen und des Menschen-Vergessens im Besonderen

1. Das Phänomen des Menschen-Vergessens ist sehr eigentümlich in seinem Wesen, mit dem wir jedoch in unserem Alltagsleben vertraut sind: Menschen, die genau wissen, was gut und böse ist, genau wissen, was man tun soll und was man nicht tun darf – *vergessen diese Maßstäbe auf sich zu beziehen!*

Worin besteht nun diese Art des Vergessens? „Verloren" gegangene Information kann es doch nicht sein.

Das *Vergessen*, von dem hier die Rede ist, bezeichnet den *Zustand eines Menschen, der den Abstand zu sich selbst verloren hat.* Immer da, wo ein Mensch seine volle Aufmerksamkeit auf sich selbst richtet und konzentriert, und zwar so, dass er vom Bewusstsein beherrscht ist, er sei gewissermaßen „absolut" gültig in dem, was er vertritt und darstellt, hat er den Abstand zu sich selbst verloren und befindet sich im *Vergessens-Zustand.*

Es handelt sich hier um einen Zustand, in dem ein Mensch sich selbst, eher unbewusst als bewusst, so in den Mittelpunkt seines Bewusstseins und seines Blicks stellt, dass er die Wirklichkeit *nicht* als eine ihm vorgegebene und vorbestimmte Wirklichkeit, sondern in erster Linie als *seine* Wirklichkeit sieht und versteht.

Das heißt, anstatt die Wirklichkeit als den ihm vorgegebenen und absolut gebestimmten Rahmen zu sehen, der als solcher der *einzig mögliche* ist, in dem er seine eigene Wirklichkeit und seine eigene Identität objektiv bestimmen und feststellen kann, dreht er die Blickrichtung um hundertachtzig Grad und *verabsolutiert sich auf eine Weise, die ihn für seine eigene Wirklichkeit und dadurch für seine eigene Identität blind macht.*

Wir können das Wesen dieses Phänomens anhand eines bekannten Beispiels aus unserem alltäglichen Leben verdeutlichen. Oft, wenn Eltern ihrem Kind Fotos von der Hochzeit oder von der Zeit davor zeigen, fragt das Kind betroffen und erstaunt: "Und wo bin ich?"

Das Kind kann sich in diesem Fall gar keine Wirklichkeit oder Welt vorstellen, die außerhalb seines Bewusstseins-Horizonts besteht oder bestehen kann. Die Welt des Kindes, was für ein Kind ganz normal ist, ist *extrem „Ich"-zentrisch.* Alles, und nicht nur der Blick, ist auf sein eigenes Dasein gerichtet.

Eine der wichtigsten Aufgaben der Erziehung besteht daher darin, dem Kind *erstens* zum Bewusstsein zu verhelfen, dass es seine konkret gelebte Wirklichkeit und seine Identität nur vor dem Hintergrund *der* Wirklichkeit bestimmen kann, und ihm *zweitens* klar zu machen, mit welcher *fundamentalen und umfassenden Verantwortung sein Dasein – und überhaupt - Mensch-Sein in dieser Wirklichkeit verbunden ist.*

Wenn ein Mensch die Grenzen der Wirklichkeit auf seine eigenen, persönlich bestimmten Grenzen „erkenntnismäßig" reduziert, also wenn sein individuelles Dasein seinen ganzen Bewusstseinshorizont erfüllt, so dass *jede Beurteilung und jede Wertung immer nur vom persönlichen Standpunkt vollzogen werden kann*, dann hat er den Abstand zu sich selbst verloren und ist blind für eine Wirklichkeit, die von ihm objektiv unabhängig ist – dann befindet er sich im *Vergessens-Zustand.*

Dabei hat dieser Mensch nicht, wie man meinen könnte, die Wirklichkeit, sondern *sich selbst vergessen!* **Das Vergessen, von dem hier die Rede ist, ist das Selbst-Vergessen des Menschen als Menschen!**

Beim Mangel an Abstand sich selbst gegenüber verliert der Mensch die Fähigkeit, sich selbst wahr-zunehmen, und das, obwohl sein ganzes Bewusstsein *„Ich"-zentrisch* bestimmt ist, und er die Welt nur als in diesen Grenzen bestehend verstehen und wahrnehmen kann.

Dieser Mangel an Abstand zu sich selbst bedeutet eine starke Minderung der Wahrnehmungsfähigkeit: Es bedeutet, dass *der Mensch seine Umgebung mit seinem Ich beschattet und sie unbemerkt und unbewusst dem eigenen Selbst-Verständnis unterwirft.* Und die Erfahrung von Widerstand verstärkt oft diese Neigung, „sich durchzusetzen".

Selbstzufriedenheit, Selbstgerechtigkeit und Selbstgefälligkeit sind die unmittelbaren Folgen. Diese aber machen blind und bedeuteten in ihrem Wesen Blindheit. Hier haben wir es mit einer *fundamentalen, existentiellen Wahrnehmungs-Unfähigkeit* zu tun!

2. Wenn dieser Zustand mit einem Namen versehen werden sollte, der uns aus unserem Alltagsleben bekannt ist, so hieße

er: *„Nur an sich denken"*. **Das Gegenteil davon** ist *„Du sollst deinen Nächsten lieben, wie dich selbst!"*, oder, wie ich meine, *in einer Wandlung dieses Gebots „Die Würde des Menschen ist unantastbar!"*. Wenn der Mensch nur an sich denkt, dann ist alles, aber *wirklich alles* möglich! Genau das macht diese Art des Vergessens *un-menschlich!* „Un-menschlich", weil die oben genannten Grundsätze zwar gepriesen werden, aber nicht tief genug in unser Inneren zu reichen scheinen.

Betrachten wir einige Beispiele aus unserem Alltagsleben. Zum Beispiel die Beziehung vieler Länder der Hemisphäre der westlichen Kultur zu China. Diese Beziehung hat eine lange Geschichte des einen immer gleichen Menschen-Vergessens Wann immer unser Wohlstand und die Lebensqualität unserer Gesellschaft garantiert werden sollen, offenbart sich eine moralische Blindheit. Es ist die aktive Gestaltung des Menschenvergessens, geht es doch um ein Land, in dem fast jede Art von massiven Menschenrechtsverletzungen begangen wird. Wir aber denken nur an uns und an unsre unterschiedlichen „Ich"-zentrischen Interessen!

Zwei andere Beispiele, die Jahre zurück liegen, werfen die Frage auf, ob sich mit der Zeit etwas änderte. Am 13.11.1996 wurde in Rom der Welternährungsgipfel der FAO (die Ernährungs- und Landwirtschaftsorganisation der Vereinten Nationen) feierlich eröffnet. Wie die FAZ vom 14.11.1996 berichtete, wandte sich der Generaldirektor der FAO, Diouf, vehement gegen eventuelle weitere Kürzungen der Mittel für die FAO. Der Zweijahreshaushalt umfasste rund 650 Millionen

Dollar. Dies ist, nach den Worten Dioufs, *aber nur der Aufwand von neun der größten Industrieländer für den Einkauf von Hunde- und Katzenfutter während sechs Tagen oder weniger als fünf Prozent dessen, was die Bewohner eines entwickelten Landes jährlich für Schlankheitsmittel ausgäben.*

Am Mittwoch, den 17. Dezember 1997, also nur ein Jahr später, berichtet die gleiche Zeitung groß auf der Titelseite über einen UNICEF-Bericht: *„Sieben Millionen Kinder sterben jedes Jahr an den Folgen von Mangelernährung"*, und zwar *vor ihrem fünften Geburtstag.*

Und am zweiten Januar 1998, nur zwei Wochen später, berichtet der Kölner Stadt-Anzeiger: *„160 Millionen Mark für Silvester verpulvert"* – bislang teuerstes Feuerwerk. Abgesehen davon knallten, nach Angaben des Dualen Systems in Köln, noch 35 Millionen Sektkorken zum Jahreswechsel.[17]

Das alles ist bloß nur ein Bruchteil dessen, was der Götze „Jahreswechsel" in Deutschland verlangte! Man braucht keine entwickelte Vorstellungskraft, um auszurechnen, womit dieser eine Götze im gesamten Bereich der westlichen Kultur in wenigen Minuten befriedigt wurde. ***Hat sich dabei bis zum heutigen Tag etwas Grundsätzliches geändert?***

Trotz der Tatsache, dass wir genau wissen, was es für diejenigen bedeutet, die auf unsere Hilfe angewiesen sind, juckt es uns ziemlich wenig! Wir empören uns ständig über Menschenrechtsverletzungen, ja über Verbrechen gegen der

---

[17] Hervorgehoben von mir

Menschlichkeit; **grenzen nicht die oben erwähnte Beispiele an Verbrechen gegen die Menschlichkeit?**

3. Das Wesen des Vergessens besteht in der *Entwertung der Gültigkeit* von etwas, was mit der *wahren, wirklichen Gegenwärtigkeit des Menschen identisch* ist. Das Vergessen besteht darin, dass der Mensch sein menschliches Antlitz außer Acht lässt: *Er hat vergessen, was und wer er wirklich als Mensch ist und sein soll.*

Das Vergessen des menschlichen Antlitzes vergessen macht den Weg für die **Institutionalisierung des Vergessens** frei: *Es ist der **sehr gefährliche** Übergang vom Selbstvergessen des Menschen zum Verlieren des menschlichen Antlitzes, zur Leugnung des Menschlichen im und am Menschen!*

Worin besteht nun diese *Institutionalisierung des Vergessens*, die es *unwahrnehmbar* macht?

Diese hat zwei sich ergänzende, einander bedingende Momente: Das erste Moment hat mit der Tatsache zu tun, dass das hier gemeinte Vergessen wesentlich mit einer starken Minderung der Wahrnehmungsfähigkeit verbunden ist. Damit wird auch die tatsächliche Möglichkeit des einzelnen eingeschränkt, sich objektiv mit der sittlich-ethischen Qualität seines Handelns auseinanderzusetzen und sich dementsprechend zu verhalten.

Das zweite Moment besteht darin, dass die Institution als solche der natürlichen Ausdrucksweise des Vergessens vollkommen entspricht. Das heißt konkret: Das Vergessen des Einzelnen drängt zu seiner „gesetzesmäßigen" Legitimierung im gesellschaftlich-sozialen Rahmen, was der Institutionalisierung des Vergessens gleichkommt. Denn die Institution befreit ihrem Wesen nach den einzelnen von bewussten Entscheidungen in seinen individuellen, selbstbestimmten Handlungen. Das heißt, das Wesen der Institution als solche entspricht im Falle des Vergessens vollkommen der Zweckbestimmtheit des Phänomens namens „Vergessen".

Und wenn die Zweckbestimmtheit, die der Institution ihrem Wesen nach innewohnt, „allgemeingültig" geworden ist, wie es mit dem Vergessen der Fall ist, dann ist die Institution in der Lage, die ganze gesellschaftliche Einheit – eben durch diese Integrationskraft der „Gesetzmäßigkeit" des sozialen Handelns – zu stützen und zu tragen, d.h., die Einheit der Gesellschaft und des gesellschaftlichen Lebens zu stabilisieren und zu tragen. Und das geht schnell und problemlos, wenn jeder, gleich aus welchem Grund, nur an seine eigenen Interessen denkt.

Diese ideale Entsprechung zwischen „Institution" und „Vergessen" und ihre ideale Vereinigung zur Institution namens „Vergessen" löst automatisch das „Problem" der kritischen Einstellung zur ethischen Qualität des Handelns des Einzelnen im gesellschaftlichen wie auch im zwischengesellschaftlichen („internationalen") Rahmen.

Das Handeln, das durch derartige „objektive" Gesetzmäßigkeit bestimmt ist, ist *von Anfang an legitimiert*, eben weil das Vergessen sich durch seine allgemein gewordene Gültigkeit institutionalisiert hat. *Das Bewusstsein des einzelnen Menschen ist vom eigenen Dasein so umfassend und so fest beherrscht, dass jegliche objektiv verbindlichen Bedenken bezüglich der ethischen Qualität des Handelns von vorneherein kaum möglich sind.*

4. Kehren wir nun zurück zum Einzelnen und zu seinem Umgang mit sich selbst.

Eines der wichtigsten Symptome des Zustandes des Vergessens besteht in dem *ständigen* Versuch, alles, was das Leben in diesem Zustand irritieren und erschüttern kann, vom alltäglichen Leben zu *entfernen und zu verbannen.* Unser sehr starker Wille zum Vergessen macht uns besonders kreativ in der Art unseres Umganges mit all dem, was uns „unnötig" irritieren kann.

Kultur-Güter können sehr stark irritieren; sie sollen es auf jeden Fall tun! **Sie sollen uns in echte Betroffenheit versetzen! Diese soll uns zur Änderung unserer Einstellung zu uns selbst, zu unserem Leben, zu den Mitmenschen und zur Welt drängen!**

Ansatzweise geschieht es auch – der gewohnte Alltag muss aber weiter gehen; ***für den „Luxus" der Arbeit an sich selbst gibt es angeblich weder Wille noch Kraft noch Zeit noch Mittel!*** **Das ist Selbst-Vergessen des Menschen in höchster Reinheit!** ***Das macht das echte Betroffen-Sein überflüssig und ersetzt es gleichzeitig!*** So haben sich das Erfahren und das Erleben von Kultur, die den Mensch dazu motivieren können und motivieren sollen, sich mit der *Wahrheit seines Dasein* zu befassen, *absurderweise* in einen *kulturell hochwertigen Zeitvertrieb* verwandelt.

Vor dem Hintergrund des bisher Gesagten müsste klar geworden sein, dass die Frage „Wozu Kultur?" nicht als Infrage-Stellung der Bedeutung der Kultur für uns gemeint ist; im Gegenteil: Sie will uns *die besondere, lebenswichtige Bedeutung der Kultur für unser Mensch-Sein* nicht nur bewusst machen, sondern darüber hinaus in uns das Bedürfnis wecken, *die Kultur und ihre Güter so zu erleben und so zu erfahren, dass wir gedrängt werden, uns diese anzueignen, sie zu verinnerlichen und in Leben zu verwandeln!*

Im nächsten Teil möchte ich in drei Schritten versuchen, den Weg zur Kultur in ihrer oben genannten Bedeutung zu Markieren: die Diagnose, die Hoffnung, der Weg.

IV.
WOZU KULTUR?
DIE DIAGNOSE, DIE HOFFNUNG, DER WEG

IV.1. DIE DIAGNOSE

a. Von der Freiheit des Menschen

Historiker mögen streiten, welche die passende Bezeichnung ist, die das Charakteristische unserer Zeit zum Ausdruck bringt. Eines steht jedoch außer Zweifel: Eine der Grunderscheinungen unserer Zeit ist das *starke Bedürfnis nach Geltung*, ein Bedürfnis, das etwa im Kult der „Originalität", im starken Bedürfnis aufzufallen, angesehen-zu-werden zum Ausdruck kommt.

Charakteristisch für dieses Bedürfnis ist die Tatsache, dass es zunächst nur die äußerliche Seite unseres Alltagsleben und die Art unseres Auftretens bestimmt, letztlich aber, bewusst oder unbewusst, *die Richtung der Gestaltung unserer Persönlichkeit und somit unsere Lebensführung beeinflusst.*

Am Geltungsbedürfnis an sich ist nichts auszusetzen. Die Faszination der Originalität, des Besonders-Seins stellt jedoch einen herausragenden Ausdruck der krisenhaften Situation des Individuums in der modernen Massengesellschaft dar.

Der Versuch des Individuums, *Höchstmaß an Individualität zu erlangen und dabei seine persönliche Identität konkret zu gestalten* ist vollkommen unproblematisch, birgt in sich doch schon das, was *jedes Individuum an sich seinem Wesen nach* darstellt: ***Ein Original!***

Aber das starke Bedürfnis aufzufallen, die Originalität zu „kultivieren", kann es zum Opfer dieses starken Bedürfnisses machen: Die zwanghafte Neigung, stets das Äußerliche zu erneuern und gleichzeitig am Äußerlichen festzuhalten, da diese für den Ausdruck echter Authentizität verstanden wird, führt das Individuum in eine von ihm unwahrnehmbare Falle.

Diese Falle besteht eben darin, dass „Originalität" und „Besonderheit" unbewusst zunehmend als Ersatz für echte Individualität und echte persönliche Identität dienen: „Originalität" und „Besonderheit" werden als etwas betrachtet, was echte Identität verschafft, darstellt und zum Ausdruck bringt.

Die Wirkung einer solchen persönlichen Entwicklung bleibt jedoch oft nicht im privaten Rahmen bestehen, was schlimm genug wäre. Oft bedarf es nur eines geringen Anstoßes, um die stark „Ich" bestimmte Orientierung, die darauf gerichtet ist, sich immer mehr Geltung zu verschaffen, in Unglück für sich und für anderen umschlagen zu lassen!

Das einzige, was die zunehmende Aushöhlung der Individualität, wie auch ihre eventuellen negativen Folgen tatsächlich verhindern kann, heißt **Wahrheit!**[18] Diese jedoch nicht bloß als „objektive Erkenntnis", oder als „Wissen", sondern als **Aufgabe** – als **die eigentliche Aufgabe des Menschen:** ***Die Bildung und die Entwicklung der eigenen Persönlich-***

---

[18] Vgl. dazu Kapitel II, Philosophie, Kunst und Wirklichkeit, wie auch System I

keit und der eigenen Identität im Licht der Wahrheit zu vollziehen! Nur eine solche Entwicklung birgt in sich die Kraft, dem Dasein des Menschen Sinn zu verleihen und die Freiheit für diese Entwicklung zu stiften!

Diese Fähigkeit des Menschen, sich selbst zu bestimmen, was **Autonomie** genannt wird, ist das, was als **Freiheit** verstanden wird. Bezeichnend für die *Freiheit* ist die Tatsache, dass sie *notwendiger Ausdruck des menschlichen Wesens* ist.

Freiheit bedeutet also ursprünglich nicht bloß jede Ungebundenheit, jedes Nicht-bestimmt-sein von außen, sondern sie besteht in der *Fähigkeit des Menschen zur* **Selbst-Bestimmung von Innen her**. Erst diese Fähigkeit gibt dem Anspruch und dem Verlangen nach „äußerlicher Freiheit" Sinn und in ihr ist diese äußerliche Freiheit in ihrer Berechtigung *objektiv* begründet.[19]

b. Vom falsch verstandenen Individualismus

1. In Zusammenhang mit der Fähigkeit der Selbst-Bestimmung des Individuums ist es wichtig, auf das Phänomen des falsch verstandenen Individualismus aufmerksam zu machen.

Sein Wesen des falsch verstandenen Individualismus besteht in dem Versuch des Menschen, zwischen seinem *Mensch-Sein* einerseits und seinem *Handeln aus Freiheit* andererseits *zu trennen*.

---

[19] Vgl. System II

Das Wesen des Menschen, also das, was ihn zum Menschen macht, wie auch sein individuelles, persönliches Mensch-Sein, von seinem freien Handeln als Individuum zu trennen, wurzelt in einem *grundsätzlichen, radikalen Missverständnis*.

Die Fähigkeit des Menschen frei zu Handeln, also seine *Freiheit*, ist nicht bloß der Bewusstseinszustand des Frei-Seins, sondern sie stellt die *konkrete Verwirklichung des Wesens des Menschen, seiner Individualität und seiner persönlichen Identität* dar.

In diesem fortschreitenden Prozess der Verwirklichung des Individuums wird das Verhältnis zwischen der Wirklichkeit und dem Individuum immer klarer und eindeutiger: Dieses Verhältnis bedeutet für das Individuum, dass es sich **notwendigerweise** als einen integralen Teil der Wirklichkeit versteht, wodurch er in seinem lebensgeschichtlichen Prozess sein Leben als ein Ganzes erfährt. Das verleiht dem Leben des Menschen seinen Sinn, der mit Selbst-Verwirklichung und Selbst-Entfaltung identisch ist, also ein Ganzes darstellt.

Die Gefährdung der Freiheit setzt da an, wo die Beziehung zwischen Individuum und Wirklichkeit abstrakt wird und droht bedeutungsleer zu werden. Entsteht eine solche Situation, wird das Individuum immer stärker auf sich geworfen. Dabei versucht es, seine Individualität und die Ausdrücke seiner persönlichen Identität zu intensivieren. Das Fehlen des übergreifenden konkreten Sinnzusammenhangs lässt diesen Prozess der Intensivierung der Individualität ins Leere laufen, was das Individuum dazu drängt, es noch intensiver zu versuchen.

Diese Situation kann das Individuum direkt in die Verzweiflung treiben, kann aber bei ihm den *fiktiven Eindruck* der Befreiung aus dem gesellschaftlichen Strukturzusammenhang erwecken. Dabei entzieht aber der persönliche Sinnzusammenhang jede Rationalität, was das Individuum dazu führt, zu versuchen, das Subjektiv-Gefühlmäßige an ihm so zu objektivieren. Dadurch wird dieses Subjektiv-Gefühlmäßige von ihm als die „objektiv"-gültige Grundlage seines Daseins erlebt. Dem Individuum gelingt es so nicht, seinen Platz in dieser Wirklichkeit zu finden.

Diese Situation versucht es damit zu überwinden, dass es dazu neigt, seine Gefühle, Erlebnisse und Eindrücke zu intensivieren. Da glaubt es, sich selbst besonders intensiv zu fühlen und zu erleben. In Wahrheit aber handelt es sich um einen Prozess, der **Selbst-Vergessenheit!**

Der Prozess der extremen Individualisierung, der Prozess der Intensivierung der Individualität entpuppt sich so als ein Prozess der extremen Isolierung des Individuums bei gleichzeitiger prozesshafter Aufhebung der Individualität.

Diese Isolierung des Individuums drängt es, um deutlicher aufzufallen und um sich deutlicher wahrzunehmen, zur Masse und zum Massenhaften, wo seine Individualität verwischt wird, was es wiederum zum Versuch drängt, das Masse-Erlebnis noch weiter zu verstärken und zu intensivieren – eine Isolierung, aus der es ab einen bestimmten Punkt keinen Weg mehr zu sich und zur Welt zurück findet. **Da ist das Individuum am Abgrund!**

Die **Tragödie der Freiheit** besteht darin, dass es *nicht wirklich gelungen* ist, Menschen dazu zu bringen, *zu verstehen*, dass die freiheitliche Gesellschaftsordnung ihre **Berechtigung *nicht in sich trägt*, sondern darin besteht, dass sie eine notwendige Bedingung zur Selbst-Verwirklichung und zur Selbst-Entfaltung des Individuums durch Selbst-Bestimmung von Innen her ausmacht.**

Das Bedürfnis aufzufallen, originell zu sein und etwas Besonderes darzustellen, ist unter Umständen verständlich, deutet aber *keinesfalls* auf **das wirklich Besondere und das wirklich Originale - auf die kostbare Authentizität einer Person! Diese fällt *immer* von selbst auf; Authentizität benötigt keine Vermittlung, um aufzufallen!**

2. Die Tatsache des Auf-sich-geworfen-Seins des Individuums ist zwar Folge des Menschen-Vergessens, birgt jedoch in sich die große Hoffnung für das Individuum, dieses Vergessen zu überwinden.

Der falsch verstandenen Individualismus vereinigt in sich zwei Momente in: *Erstens* die Überzeugung, dass Individualismus die Negation der Sozialität bedeutet. Hier kommt das „Ich"-Zentrum-Phänomen zum Ausdruck. Das Individuum hat die Distanz zu sich verloren; dabei entwickelt sich bei ihm das starke Bedürfnis, sich zu verabsolutieren.

Das *zweite* Moment besteht in der radikalen Kompromiss- und „Toleranz"-Bereitschaft. Dieses Moment scheint dem ersten Moment zu widersprechen; es ergänzt es aber: Das so geprägte Individuum ist „Harmonie-bedürftig", es braucht nämlich „Friede" und „Ruhe", um eben das zu sein, was es

„ist". Beide einander ergänzende Momente garantieren dem Individuum so seine „Freiheit" und seine „Entfaltungsmöglichkeit".

Das Wesen des falsch verstandenen Individualismus besteht darin, dass der Mensch die Individualität und die individuelle Existenz auf die Summe seiner Bedürfnisse, Leidenschaften, Fähigkeiten und auf seine „Weltanschauung", also auf Erfahrungsfaktoren reduziert und diese so zum „Wesen" erhebt.

Zur Orientierung muss man sagen, dass ein *richtig* verstandener Individualismus genau umgekehrt verfährt: Das Individuum ist ständig dabei, Bedürfnisse, Leidenschaften, Fähigkeiten und Weltanschauung im Licht seiner Selbst-Erkenntnis und seiner Welt-Erkenntnis zu betrachten und diese gemäß dieser Erkenntnis zu gestalten bzw. umzuformen.

Setzt sich der *falsch* verstandene Individualismus durch, dann entsteht genau das, was *unbedingt überwunden werden sollte*: Die Engstirnigkeit, die keine echte Vielfalt, keine echte Unterschiedlichkeit und keine wirklich freien Räume für menschliche Entwicklung duldet.

c. Von der Verantwortung

In dem, was wir „Verantwortung" und „Verantwortlichkeit" nennen, bringt ein Individuum das zum Ausdruck, was ihm als *Mensch* wesentlich ist.

Die Fähigkeit zur Verantwortung wie auch das konkrete Verantwortlich-Sein verschaffen dem Menschen den Zugang zur (wahren) Wirklichkeit und stellen gleichzeitig seine enge

Bindung an sie dar. Genau im gleichen Maß, wie die Wirklichkeit mehr ist, als die Summe der von uns erfahrenen Wirklichkeits-Fragmente, aber auch mehr als der durch Reflexion vollzogene Zusammenhang der vielen einzelnen Bestimmungen von Tatsachen darstellt, so ist auch Verantwortung mehr ist, als die Umgangsweise des Menschen mit den vielen konkreten Situationen, in denen er sich befindet.

Verantwortlichkeit, also die Fähigkeit des Menschen um seine Verantwortung zu wissen und ihr nach den bestimmten Umständen konkret zu entsprechen, konstituiert die menschliche Daseins-Situation in der Welt. **In der Verantwortung wird der Mensch konkret, in ihr konkretisiert er seine verborgene Motivation und Absicht und wird so als wirkliche Person sichtbar**. Im verantwortlichen Handeln als Folge des Verantwortungs-Bewusstseins bewährt sich der Mensch als Individuum und überhaupt als Mensch.

Die Tatsache, dass Verantwortung in ihrem Wesen und in ihrer Verwirklichung *nie* als etwas „abstraktes" gelten und etwas „abstrakte" sein kann, sondern *immer* die Verwirklichung des Individuellen und des Menschlichen bedeutet, macht *das Individuelle und das Menschliche* zu etwas, das in seinem Bestehen und in seinem Vollzug immer als *Gegenwart* verstanden werden *muss* – solange der Mensch lebt.

Hier handelt es sich also um eine Kraft, die von einem Individuum ausgeht und auf andere und auf die Welt auf eine Weise einwirkt, die von *existentieller Wichtigkeit* geprägt ist. *Einerseits* geht es um den alltäglichen Umgang mit Menschen, mit der Natur und mit der Welt; *andererseits* geht es um die Einflüsse auf die kommenden Generationen.

Im zweiten Punkt kommt die *Verpflichtung zur Wahrheit* auf eine besondere Weise zum Ausdruck. Verantwortung für Handlungen *in der Gegenwart* zu tragen, ist eine Sache, Verantwortung für *nächste Generationen* ist eine ganz andere Dimension der Verantwortung. In dieser Dimension spielt der Unterschied zwischen **Wahrheit und Wirklichkeit** einerseits und **Schein und Täuschung** andererseits eine *zentrale* Rolle![20]

Es geht also darum, dass Lebensführung und Lebensgestaltung im Zeichen der Verantwortung so deutlich und so konkret zum Ausdruck kommen, dass sie jeweils an die nächste Generation gewissermaßen vererbt werden, so dass sie Verantwortungslosigkeit als Wirklichkeits- und Wahrheitsersatz als selbstverständlicher Akt aus ihrer Mitte verbannen.

Die größte Versuchung überhaupt besteht in dem Selbst-Vergessen des Menschen, das dazu führt, dass der Mensch alles von sich wegschiebt, was sein „Ich"-zentriertes Selbst-Verständnis einschränkt.

So verbinden jeweils Verantwortung und Verantwortungslosigkeit die Generationen: ***Die* Verantwortung *verbindet sie in einer Tradition der* Verwirklichung des Menschlichen, *die* Verantwortungslosigkeit *verbindet sie in einer Tradition des* Menschen-Vergessens *und mit ihr wesentlich verbundene* Schuldvererbung.**

---

[20] Vgl. System I, S. 204

Das institutionalisierte Vergessen schafft eine Lebens-
grundlage, die *Gesinnungs-neutral* ist und deshalb *kontinu-
ierlich durch die Generationen* bestehen kann. Diese Grundlage ist also in ihrem Wesen eine im Laufe der Generationen
*immer fester werdende Verantwortungslosigkeit und so auch
die Grundlage der Vererbung von Schuld.*

Die obengenannte Vererbung von Schuld besteht ja nicht
in der „Übergabe" eines identischen Schuldgehalts von einer
Generation zur anderen, sondern in der **Schaffung einer über
die Generationen hindurch bestehenden Schuld-Daseins-
Situation**, die durch das Menschen-Vergessen bedingt ist.

IV.2. Die Hoffnung

1. Die Frage, worauf der Mensch hoffen darf, lässt sich nicht direkt beantworten. Wir sind genötigt, zunächst das Wesen der Hoffnung zu bestimmen. Allerdings kann der Versuch, das Wesen der Hoffnung zu bestimmen, nicht in der Suche nach einer Definition für den Begriff der Hoffnung bestehen. Die Suche nach einer solchen Definition ist jedenfalls ein sinnloses Unternehmen, denn es ist gar nicht möglich, einen solchen Begriff zu definieren. Der Zusammenhang, der diesen Begriff in seiner Bedeutung bestimmt, ist einfach zu breit, um eine solche Definition zu ermöglichen: *Er ist der breiteste Zusammenhang der menschlichen Existenz überhaupt.* Und mit der Hoffnung stoßen wir in der Tat auf etwas, das mit dem Sinn des persönlichen, individuellen Lebens im breitesten Zusammenhang der menschlichen Existenz *wesentlich* zu tun hat.

Betrachtet man die Hoffnung als empirisches Faktum, so sieht man in ihr eine Haltung des Menschen, die sich aus seiner Bezugnahme auf eine von ihm erwünschte und angestrebte andere Möglichkeit der Lebenssituation als diese speist, in der er sich konkret befindet. Das Faktum des Hoffens, wie es in dem Akt der Hoffnung zum Ausdruck kommt, setzt also den einzelnen Menschen in Beziehung zur Zukunft im Allgemeinen und zu seiner eigenen Zukunft im Besonderen.

Dabei ist der reine Akt der Hoffnung frei, wobei man jedoch mit Erfüllung nicht rechnen kann kann. Diese Beziehung des Einzelnen zur Zukunft, zu seiner Zukunft, verweist nicht nur darauf, wie "ausgeliefert" er der Welt eigentlich ist, sondern besonders darauf, dass unsere Hoffnung, damit sie als Akt überhaupt Sinn haben soll, *begründet* sein und das Rechnen mit Erfüllung dadurch *legitimiert* werden muss.

Diese Tatsache wirft den Menschen auf eine brutale Weise auf sich selbst zurück, so wie er im Hier und Jetzt ist. Auf eine brutale Weise, weil ihm dabei bewusst wird oder er zumindest eine Ahnung davon bekommt, dass *der einzelne Mensch in der Wahrheit besteht.* Nicht in "seiner" Wahrheit, sondern in *der* Wahrheit. Und es ist brutal, weil dabei der Einzelne nicht nur darauf aufmerksam gemacht wird, dass er nicht nur eine Zukunft, sondern auch eine *Vergangenheit* hat. Vielmehr wird er dabei darauf aufmerksam gemacht, dass das Leben, sein Leben, eine geschlossene Einheit ausmacht und dass der Sinn dieses Lebens ihm nie vorgegeben werden kann, sondern dieser Sinn von ihm selbst individuell gesucht und gefunden werden muss.

Heute ist das Leben sehr vieler Menschen nicht so sehr vom Ringen um Sinn geprägt, sondern eher von dem Leiden an einem abgrundtiefen Sinnlosigkeitsgefühl, einem Gefühl, das als lähmende Leere empfunden wird und das immer mehr Menschen immer hoffnungsloser macht. Diese Hoffnungslosigkeit, die immer eng mit Orientierungslosigkeit verbunden ist, begrenzt den Horizont sehr und treibt die Menschen so dazu, letzte Werte, die sie in ihrer Gültigkeit nicht mehr erkennen können, durch Horoskope, Maskottchen und Handlesen zu ersetzen: Immer mehr Menschen in der westlichen Welt huldigen in unseren Tagen dem Okkultismus (Wahrsagen, Zauberei, Magie, Totenbefragung, Telepathie, Hellsehen, Götzendienst, Sterndeuterei etc.), und immer mehr Menschen wollen sich damit zumindest "rückversichern".

Angesichts dieser Tatsache stellt sich für uns die Frage, ob der Mensch von heute, für dessen Freiheit so viele Menschen in der Vergangenheit ihr Leben geopfert haben, noch Hoffnung hat, die *mehr* als Wunschvorstellung und private Traumvision ist.

2. Die Frage nach dem Wesen der Hoffnung offenbart die starke Spannung – *für uns die stärkste Spannung überhaupt* – zwischen Individuum und Welt. Es ist die Spannung zwischen dem sogenannten blinden Schicksal und dem gewollten, bewusst gelenkten und gestalteten Weg des Lebens eines Individuums durch es selbst. *Diese starke Spannung kann aber entschärft Werden. Und der Ausdruck für diese Versöhnung zwischen beiden Kräften im individuellen, persönlichen Leben heißt* **Hoffnung**.

In der Regel gebrauchen wir den Begriff der Hoffnung auf eine Weise, die uns zwingt, die Hoffnung – unsere Hoffnung – an ein *bestimmtes konkretes Objekt* der Hoffnung zu heften: *Es ist immer die Hoffnung auf ein bestimmtes, konkretes Etwas.* Und wenn wir unsere Hoffnung nicht auf ein bestimmtes konkretes Etwas richten, sondern stattdessen von Hoffnung auf etwas sprechen, das nur in allgemeinen Begriffen beschrieben wird, wird in diesem Fall Hoffnung logisch unmöglich.

So ist z.B. die Hoffnung auf "Glück", auf "Freiheit" oder auf "Frieden" eigentlich sinnlos. Man muss sich schon fragen, was man genau mit "Glück", "Freiheit" und "Frieden" meint. Dabei wird sehr schnell klar, dass man, um diese Hoffnungen mit sinnvollem Gehalt zu füllen, diesen Gehalt mit einem sehr bestimmten Objekt der Hoffnung identifizieren muss, damit der Akt der Hoffnung gefühlsmäßig überhaupt möglich wird, und sei es nur als Erwartung der Zuversicht.

Die Hauptschwierigkeit mit dem herkömmlichen Begriff der Hoffnung besteht jedoch darin, dass man gerade dann, wenn man das Objekt seiner Hoffnung genau bestimmt hat, als *Folge* dieser genauen Bestimmung an diesem Punkt zur Kenntnis nehmen muss, wie hilflos man eigentlich ist. Die Welt hat für mich nun zwei Teile: Ich mit meiner Hoffnung befinde mich auf der einen Seite, während auf der anderen Seite alles das in der Welt steht, wovon die Realisierung meiner Hoffnung abhängig ist. An dem Punkt also, wo ich eine genaue Bestimmung einer konkreten Hoffnung leisten konnte, ausgerechnet hier kann ich meine Hoffnung verlieren, ja die Hoffnung kann hier sehr schnell in *Verzweiflung* umschlagen.

Angesichts der latenten Schwierigkeiten mit der herkömmlichen Definition des Begriffs der Hoffnung, die wegen des Wunschs- und Traumvorstellungscharakters dieses Begriffs bis zur Selbstaufhebung der Hoffnung reichen können, stellt sich für uns die Frage, wie der richtige, widerspruchs- und spannungsfreie Sinngehalt des Begriffs der Hoffnung bestimmt ist.

3. Es gibt Sachen, die *das Ganze des Lebens* wie *das Ganze der Person* betreffen. Charakteristisch für diese Sachen ist die Tatsache, dass sie etwas darstellen, das für die Konstituierung und für den Bestand des Ganzen der Person und ihrer Individualität wesentlich ist.

Das heißt, wir haben es hier mit etwas zu tun, das nicht bloß wichtig für eine Person und für ihr Leben ist, sondern mit etwas, *das das Ganze des Lebens eines Individuums mit Sinn erfüllt. Und das bedeutet, dass wir es hier mit etwas zu tun haben, das für die Konstituierung der persönlichen Identität des Individuums wesentlich ist oder wesentlich dazu beiträgt. Dazu gehört auch die Hoffnung.*

Betrachtet man den Begriff der Hoffnung in diesem Licht, so hat er wenig mit dem zu tun, was hier als die herkömmliche Hoffnung bezeichnet wurde. Diese hat ihre Wurzel im Bewusstsein der Spaltung der Welt in zwei Teile: der einzelne Mensch und sein Leben einerseits und das Weltgeschehen, das ihn und sein Leben zwar beeinflusst, in seinem Gang aber ganz unabhängig von ihm ist. Der Mensch hat hier keine andere Möglichkeit, als eben zu "hoffen".

Im Gegensatz zu dieser Art von Hoffnung, die eher unsere Hilflosigkeit, unsere Schwäche und unsere Ohnmacht betont bzw. überbetont, *besteht die wahre Natur der Hoffnung in der Tatsache, dass wir in der Lage sind, die Realisierung unserer Hoffnung zu bestimmen, zu lenken und zu beherrschen. Es hängt von uns ab, ob wir die Bedingungen schaffen wollen, welche die Realisierung unserer eigenen Hoffnung durch uns selbst möglich machen.*

In Anbetracht dieser Tatsache ist es klar, dass die Hoffnung aus etwas bestehen muss, dessen Verwirklichungsmöglichkeit über jeden Zweifel erhaben ist. Und das einzige, was diesen Anspruch erfüllen kann, ist das Individuum im Zusammenhang seines Lebens.

Der wahre Begriff der Hoffnung besteht in der konkret gegebenen Möglichkeit der Selbstverwirklichung des Individuums, einer Möglichkeit, welche den Gesamtzusammenhang seines Lebens im Voraus bestimmt. Während sich der herkömmliche Begriff der Hoffnung nur auf einzelne isolierte Tatsachen und Ereignisse in unserem Alltagsleben und unserer Alltagserfahrung bezieht, betrifft der wahre Hoffnungsbegriff *das Ganze des Lebens eines Menschen*.

Die Hoffnung, die in diesem Begriff zum Ausdruck kommt, gibt dem Individuum nur deshalb den Antrieb, in die Zukunft – seine Zukunft einzutreten, weil die Hoffnung hier nicht anders verstanden wird als der letzte und stabilisierende Halt für das Ganze des Daseins des Individuums, also als etwas verstanden wird, *das ein Mensch nur in sich selbst finden kann und nur aus und durch sich selbst verwirklichen kann.*

Die Hervorhebung *dieser* Natur der Hoffnung ist deshalb von großer Bedeutung, weil *darin die Objektivität der Hoffnung begründet ist.* Hoffnung kann doch nicht meinen, dass der Gang des Weltgeschehens mit dem Willen und den Wünschen eines Menschen harmonisiert, nur weil er auf etwas Bestimmtes "hofft". Eine solche Hoffnung ist leer und fördert nur die Kultivierung eines "Alltagsokkultismus", mit dessen Hilfe Menschen auf verschiedene Weise versuchen, die Erfüllung ihrer "Hoffnungen" zu *erzwingen*.

4. Hoffnung, so wie sie hier verstanden wird, bedeutet eigentlich den Horizont des Lebens. Die Verwirklichung der Hoffnung ist unsere eigene Verwirklichung; und je weiter wir uns verwirklichen, desto breiter sind unser Lebenshorizont und der Horizont unserer Hoffnung. Das heißt, je weiter wir uns verwirklichen, desto mehr Hoffnung haben wir.

Diese innere direkte Verbindung zwischen Selbstverwirklichung und Hoffnung ist nicht zufällig. Wir haben Hoffnung als Ausdruck der Versöhnung zwischen dem sogenannten blinden Schicksal und der bewussten und gewollten Lenkung und Gestaltung des Lebens eines Individuums durch es selbst bezeichnet. *Und genau diese Entspannung wird durch die Selbstverwirklichung erreicht. Denn in der Selbstverwirklichung verwirklicht das Individuum sein Wesen als ein integrales Glied der Wirklichkeit.*

Die Natur dieses Wesens (das Wesen des Menschen als Mensch und das Wesen des Menschen als ein bestimmtes Individuum) ist endgültig bestimmt und liegt so außerhalb unseres Einflussbereichs. Was jedoch beeinflusst werden kann, ist *die Richtung und der Gang* der Entfaltung dieses Wesens. In Bezug auf eine bestimmte Person heißen diese Richtung und die Art des Ganges der Entfaltung ihres Wesens das "Schicksal" dieser Person. Hier liegt auch der Punkt, wo die Spannung zwischen Mensch und Welt am stärksten ist.

Aber gerade hier kann der Mensch einen Begriff von seiner großen Hoffnung bekommen. Seine Hoffnung besteht eben darin, dass er sein "Schicksal" *in einem sehr hohen Maß (mit)bestimmen kann. Genau das tut der Mensch in seiner persönlichen, individuellen Selbstverwirklichung.*

Man muss bedenken, dass der Begriff des "Schicksals" immer nur in Bezug auf den Menschen einen Sinn hat, denn nur er steht, kraft seines Wesens als Mensch, in bewusstem Verhältnis zum Ganzen der Wirklichkeit. In und mit der Selbstverwirklichung fügt sich der einzelne Mensch in eine höhere Ordnung ein: Er lebt nicht aus sich, eigentlich in sich geschlossen, in einer hohen Spannung zur Welt, sondern er lebt sein Leben *aus dem Ganzen der Wirklichkeit*. Das Fundament seines Lebens ist also nicht bloß subjektiv, sondern objektiv bestimmt.

Diese Stufe der Lebensorientierung setzt eine *harte Selbsterkenntnisarbeit* voraus. Nimmt ein Mensch diese Arbeit als unbedingte Aufgabe auf sich, so wird der Spielraum für die Wirkung des "blinden Schicksals" für ihn *immer kleiner,* was nichts anderes als *Freiheit und Verantwortung und daher Hoffnung bedeutet.*

Hoffnung bedeutet so einen Weg: den Weg des authentischen Lebens. Nur so kann das Heute, gleich was geschieht, besser als das Gestern und das Morgen besser als das Heute sein. Oder mit anderen Worten: ***Nur derjenige, der ein authentisches Leben führt, hat Hoffnung***. *Denn gleich was geschieht, lebt er* **sein Leben***, wobei all die anderen, die kein authentisches Leben führen, nur* **ein Leben** *führen, ein Leben, das eigentlich nicht ihres ist, ein Leben, das in seiner Natur und in seinem Sinn eher durch die Umwelt dieser Menschen als durch sich selbst bestimmt ist.* Die persönliche Identität dieser Menschen ist zu stark dadurch beeinflusst und bestimmt, was andere über sie denken, und dadurch, wie sie *von* anderen angesehen werden wollen. So ein Leben, das eigentlich nicht das eigene ist, ist hoffnungslos – und das trotz der Tatsache, dass ein solches Leben oft reicher, schöner, besser und glücklicher *erscheint.*

Der Mensch und das Mensch-Sein bestehen in der Wahrheit, und nur in der Wahrheit seines Daseins ist seine Hoffnung begründet. **Denn der wirkliche Mensch kann nur eines sein: er selbst!** Der erste und notwendige Schritt auf dem Weg der Hoffnung besteht also darin, einzusehen, dass "Leben" und "Wahrheit" nicht zwei getrennte, voneinander unabhängige Größen sind, die zu verschiedenen Zeiten an verschiedenen Orten in verschiedenen Mengen nach Belieben miteinander vermischt werden können. Denn ein konkret geführtes Leben wird nicht authentisch durch die „Verbindung" mit der Wahrheit, sondern dadurch, dass es in der Wahrheit besteht: Das "Innen" deckt sich hier ganz mit dem "Außen", die Einsicht ganz mit dem konkret geführten Leben. Diese beiden zur Deckung zu bringen, kann aber nur dann tatsächlich gelingen, wenn *das Innen Quelle des Außen, die Einsicht die Quelle des konkret geführten Lebens ist.*

Hoffnung muss also gelernt werden, und das bedeutet in unserem Zusammenhang nur eins: Lernen, *sich selbst treu zu sein.* Darin besteht die Hoffnung des Einzelnen. *Dieses Sich-selbst-treu-Sein ist jedoch nicht die wahrheits- und menschlichkeitfressende Ego-Pflege und der Ich-Kult, sondern sie bedeutet* **Authentizität** *des individuellen, persönlichen Lebens!*

Diese Hoffnung ist das Fundament für die Hoffnung der Menschheit. Diese besteht nicht so sehr in der „Auferstehung der Toten", sondern eher in der „Auferstehung zum eigenen Leben der Lebendigen" im Sinne der *Aufhebung der Dichotomie zwischen Theorie und Praxis und zwischen Schein und Sein als ein selbstverständliches Ereignis*.

Der Unterschied zwischen persönlicher Hoffnung und der Hoffnung im universal-geschichtlichen Sinn besteht also nicht in dem Sinngehalt der Hoffnung, sondern darin, dass *die Selbstverwirklichung des Individuums nicht nur keine Schranken seitens seiner Mitmenschen erfährt, sondern sie vielmehr durch die Selbstverwirklichungsprozesse dieser Mitmenschen noch unterstützt wird.*

Hoffnung kann nicht der Endzweck der Weltgeschichte sein. In ihr ist aber *der Schlüssel zur Welt als das Zuhause des Menschen* enthalten. Dabei geht es nicht darum, das Rätsel der Welt zu entschlüsseln, sondern darum, das Leben sinnvoll zu machen. Es geht darum, zu wissen, dass man nicht nutzlos und ohne Sinn auf der Welt ist. Hoffnung gilt also als die Antriebskraft zum Leben.[21]

---

[21] vgl. System II, S.105ff.

3. DER WEG

A. EINLEITENDES

Die Darlegung dessen, was Hoffnung bedeutet, deutet auf einen *hoffnungsvollen Weg zur Überwindung der Menschen-Vergessenheit.* **Die Westliche Kultur bietet uns den Rahmen und die Mittel dazu an.**

Seit mehr als zwei Jahrhunderten sind das gesamte Denken und das gesamte Selbstempfinden des Menschen von seinem Willen geprägt, *sich selbst zu bestimmen.* Dieser Wille hat den Menschen der westlichen Kultur dazu geführt, für sich den Weg der Verwirklichung der *menschlichen Freiheit* und dadurch der Verwirklichung des *Menschlichen in seiner individuellen Prägung* zu bestimmen.

Dieser Weg ist mehrdimensional: Dazu gehört der Rechtstaat und die demokratische Gesellschaftsordnung, wissenschaftlicher und technischer Fortschritt, Wohlstand, hohe Lebenserwartung und nicht zuletzt ein hohes Maß an Unabhängigkeit von Naturgewalten. Die westliche Kultur bietet also nicht nur wenigen „Auserwählten", sondern der „Masse" die sehr konkrete Möglichkeit der individuellen Selbst-Verwirklichung in Verantwortung.

Bedenken wir, was die Corona-Pandemie in Bezug auf den Mangel an innerer Festigkeit offenbarte, darf man die Frage stellen: **Wie kommt es, dass die gewaltiger Errungenschaften der westlichen Kultur, all das, was sie konstituiert und ermöglicht, all ihre *Schätze,* in unserem Inneren Kern**

nicht wirklich Wurzeln geschlagen haben und konkrete Gestalt in der Bildung unserer Persönlichkeit genommen haben?

An Mangel an Intentionen, seien sie religiös oder ethisch-humanistisch bestimmt, liegt es nicht. Gerade darin offenbart sich das größte und das tief-reichendste Problem unserer Zeit: Das Problem besteht nicht darin, dass wir „den Tod und das Böse" statt „das Leben und das Gute"[22] gewählt haben. **Das Problem besteht vielmehr darin, dass wir nicht in der Lage sind, „den Tod und das Böse" zu wählen!**

Unsere kulturelle Tragödie besteht eben darin, dass wir trotz des großen Fortschritts nicht – oder noch nicht – einsehen wollen, dass die Bestimmung von Gut und Böse *keine Frage der sogenannten persönlichen Einstellung*, sondern eine **rational begründete, und insofern normativ-objektive gesetzmäßige Bestimmung darstellt!**

Der erste Satz des Grundgesetzes für die Bundesrepublik Deutschlad stellt keine bloß „persönliche Meinung" dar; die Gültigkeit dieses Satzes – weil er „mathematisch" bzw. „wissenschaftlich" nicht beweisbar ist – in Frage zu stellen, bedeutet **das Menschliche am Menschen in Frage zu stellen!**

Was uns fehlt, ist nicht „Bildung", nicht bloß Anhäufung von Information („Wissen") in den unterschiedlichen Bereichen der Kultur. Unser Problem besteht nicht in der Art unserer persönlichen Entwicklung, sondern in unsere persönlichen *Wachstum.*

---

[22] 5. Buch Mosses, 30, 15

1. Um dem Wesen des Wachstums näher zu kommen, müssen wir es grundsätzlich von jeglicher Art von Entwicklung unterscheiden.

Die Rede von Entwicklung ist grundsätzlich nur in Bezug auf Lebewesen sinnvoll: Das Wesen der Entwicklung besteht in einem Prozess, der einer inneren Notwendigkeit gehorcht, die dem Wesen, das sich entwickelt, vorschreibt, wie dieser Prozess in ihm vorgehen soll.

Das Leben, das Lebendige, verfügt über Entwicklungskräfte, die sich nach einem Lebensprinzip entfalten: Jeder Organismus entwickelt sich gesetzmäßig nach in ihm innewohnenden Anlagen zu einem art- oder gattungsmäßigen Endzustand.

Das Wesen der Entwicklung besteht also im Sichtbarwerden, im Zutage treten von keimhaften Anlagen. Die Entwicklung stellt eine zunehmende Differenzierung dar, und der Endzustand, in dessen Richtung sich die Entwicklung vollzieht, bedeutet das Ende der Differenzierung der keimhaften Anlagen und lässt das „Endprodukt" wahrnehmen.

Während bei den Pflanzen und bei den Tieren dieser Endzustand das Ende ihrer biologischen Entwicklung darstellt, und wir nehmen dann eine bestimmte Pflanze oder ein bestimmtes Tier wahr, bildet dieser Endzustand der Entwicklung beim Menschen den *Ansatzpunkt* zu seinem *wahren, eigentlichen* Leben.

Das heißt, beim Menschen spielt nicht bloß die physische Existenz und ihre Möglichkeiten die Hauptrolle, sondern die

Frage, inwiefern diese physische Existent von Selbst-Wahrnehmung, von Selbst-Bewusstsein und dementsprechend von Selbst-Deutung oder Selbst-Bild geprägt ist. Erst vor diesem Hintergrund ist es sinnvoll, von der *Frage nach dem Sinn des Lebens* zu sprechen – oder was dasselbe ist – von der Frage: **„Wer bin ich?"**.

Das Sich-selbst-als-*wahr*-nehmen, die Frage nach der Möglichkeit einer *persönlichen wahren* Existenz, nach der *Echtheit der eigenen Person*, bilden den *geschlossenen Zusammenhang*, den wir mit dem Ausdruck *„Leben eines Menschen"* bezeichnen.

Der Wunsch nach Glück, der Drang, echt oder wahr zu sein und der persönliche Hunger nach einem Sinn-erfüllten Leben reichen an sich nicht aus, um tatsächlich glücklich und wahr zu sein! Es kommt darauf an, die richtige Quelle zu finden, die diesen Wunsch, Drang und Hunger *tatsächlich* stillt.

2. *Mangelhafte* Selbst-Wahrnehmung besteht in der *falschen Identifizierung* der *eigenen empirischen Person*, mit ihrem Fühlen, Wollen und Denken mit dem *wahren Selbst* dieser Person. Das heißt, die Aufmerksamkeit ist darauf gerichtet, den Leib zu kennen, zu wissen, was uns bekommt und was uns gut tut. Die Aufmerksamkeit ist genau im gleichen Maß darauf gerichtet, unsere psychischen „Seite" zu kennen: Was uns nervös stimmt und was uns beruhigt, was uns bedrückt und was uns Wohlgefühl vermittelt.

Mit andern Worten: Bei der mangelhaften Selbst-Wahrnehmung ist der Mensch darauf konzentriert, seine *äußeren Möglichkeiten* zu verwirklichen, die er *fälschlicherweise* mit *sich selbst identifiziert.*

Beim *richtigen* Sich-selbst-wahrnehmen geht es **niemals** um eine „Selbst-Erfahrung" im Sinne der Vermehrung der Erkenntnis darüber, was der Mensch erfahrungsmäßig darstellt (empirisches „Selbst"-Erkennen), sondern es geht **immer und ausschließlich** um die Offenbarung dessen, was der Mensch, kraft seines Wesen als Mensch und als Individuum, sein kann – und von dem, was er kann - **unbedingt sein soll.**

Die Selbst-Wahrnehmung, die den Menschen zum Bewusstsein dessen führen kann, was er unbedingt sein soll, also *er selbst,* untersteht keinen Automatismus. Oft sind Erschütterungen nötig, die als „Initialzündung" für derartigen Vorgang dienen. Es sind *negative* persönliche Verlusterfahrungen (Tod einer lebenswichtigen Person, Verlassen-werden von einer solchen Person, Arbeitslosigkeit, Scheitern udgl.), oder aber *positive* Erfahrungen (Liebe, Sich-bewähren in einer bestimmten lebenswichtigen Tätigkeit udgl.), die den Menschen dazu führen, den Grund seines Selbst, seines „Ichs" zu überdenken und dabei den Drang zu verspüren, **vom Schein seiner Existenz zur Wahrheit der persönlichen Existenz durchzustoßen.**

3. Die Intuition im Moment der richtigen Selbst-Wahrnehmung wirkt wie ein Blitz, der zur tiefsten Einsicht führt, was es eigentlich bedeutet, Augenblick und Ewigkeit in sich zu verschmelzen. Es ist eine *intensive positive* Erfahrung, die *den Willen und die Entscheidung zum Leben* darstellt.

Es ist die Offenbarung eines Endgültigen der individuellen Person in ihrem Inneren, ein Endgültiges, das der Mensch in sich verspürt, ein *Endgültiges, das Sein und Leben bedeutet!* Das zu verstehen und dazu zu stehen, genau darin besteht die *wahre Treue des Individuums sich selbst gegenüber.*

Erst im Zuge einer solchen Erschütterung und mit dem mit ihr erweckten Bewusstsein beginnt der Mensch zu **wachsen**! Das Wesen des Wachstums besteht also in der Offenbarung des Konstanten des Individuums in ihm und in dessen Entfaltung und Verwirklichung im alltäglichen Leben. ***Es ist das, was als „Wahrheit-Sein" und als „Wahrheit-tun", oder – was dasselbe ist – „Wahrheit-Leben"*** verstanden wird.

Wachstum bedeutet also nichts anderes als *sehend* werden: Das Aufscheinen dieses Endgültigen am inneren Horizont des individuellen Lebens bedeutet, dass es ein „Licht" gibt, das die Wahrheit aufscheinen lässt und so das Individuum sich selbst im Lichte der Wahrheit sehen lässt. Der Grad dieses Wachstums heißt **Reife**, und die Tatsache des Wachsens, also das Wachstum selbst, heißt **Fortschritt**.

Diesen Wachstumsgedanken möchte ich im Folgenden präzisieren und mittels der zwei Phänomene verdeutlichen, in denen der Mensch Wachstum in seiner reinsten Gestalt und in seinem tiefsten Sinn erfährt, oder zumindest erfahren kann: Gemeint sind die Liebe und der religiöse Glaube.

C. Von der menschlichen Eigentlichkeit

1. Mit der Erwähnung der Liebe und des religiösen Glaubens soll verdeutlicht werden, was Wachstum eigentlich bedeutet. Die zwei sind nicht zufällig in einem Atemzug genannt worden, sie sind aber *nicht gleichwertig.*

Wodurch zeichnen sich also die Liebe und der religiöse Glaube aus, und warum stellen sie den stärksten Impuls zum Wachstum und des Wachstums dar?

In beiden Fällen handelt es sich um etwas, das das Individuum zu seiner *persönlichen menschlichen Eigentlichkeit* erweckt. Denn in beiden Fällen handelt es sich um eine persönliche Beziehung, in der und durch die die *echte Individualität konstituiert* wird.

Echte Liebe und echter religiöser Glaube beruhen auf persönlicher Begegnung, die im Betroffen-Sein intensivster Art besteht. *Der Mensch ist einer Macht begegnet, die ihn ganz "erobert" hat – das ganze Herz und das ganze Ich. Die Totalität der Liebe und des Glaubens ist Folge der verzehrenden und erschütternden Intensität der Liebes- und Glaubensforderung. Sie lässt für anderes einfach keinen Raum.*

„Forderung" – denn diese Macht fordert den Menschen auf, **sich zu bewähren**, d.h., sie drängt ihn zur **Verbindlichkeit** und so zu sich selbst. Er muss sich ihr zur Bewährung aussetzen. Und er muss es tun, weil das, was er da erfährt, das berührt, was ihn *unbedingt* angeht, was ihm *am Ursprünglichsten* ist, nämlich *er selbst.*

Und wenn diese Liebe und dieser Glaube lebendig sind, dann sind sie eines steten Wachstums nicht nur fähig, sondern ihm auch unterworfen, und dieses Wachstum drückt sich darin aus, dass das *spezifisch Individuelle am Menschen als Ich* immer mehr Gestalt annimmt: Die Äußerung der Gesamthaltung eines Menschen, der von der Liebe oder vom Glauben erfüllt, getrieben und motiviert wird, ist dann **in ihm selbst begründet** und kann *nicht* einfach als Anpassung an die Umwelt oder einfach als Reaktion auf sie und auf ihre Forderungen gelten.

So gesehen, stellen Liebe und Glaube, jeder an und für sich, den Inbegriff eines *neuen Lebens* dar, gewissermaßen eine neue, *zweite Schöpfung des Menschen.* Und das ist so und kann so sein, weil die Liebe wie der Glaube sich in jeder Hinsicht als *ein ursprüngliches Etwas in unserem Bewusstsein zeigen. Das heißt, sie zeigen sich als etwas, das nicht abgeleitet oder vermittelt ist, sondern als etwas, das* **Ursprünglichkeit** *und* **Unmittelbarkeit** *aufweist*: Dieses

Etwas durchdringt und begründet das Gefühl, das Bewusstsein und den Willen, folgt aber nicht aus ihnen.

Diese Begegnung mit dem Geliebten oder mit Gott schafft eine ganz neue Situation im Leben des Individuums: Indem der Mensch einsieht, dass das, was das neue Leben stiftet, ihn transzendiert, besteht für ihn *die Notwendigkeit, sich auf diesen für ihn endgültigen Sinnhorizont zu beziehen; es besteht für ihn dann die Notwendigkeit, sich auf das Ganze hin zu transzendieren, das für ihn nun als Wirklichkeit gilt und das ihm seine eigene Wirklichkeit stiftet, d.h. ihn selbst wirklich macht.*

2. Das alles bedeutet jedoch für ihn *zunächst, sich selbst in Frage zu stellen*, ja sich selbst gewissermaßen aufzugeben. Denn diese notwendige Bezugnahme auf den endgültigen Sinnhorizont setzt einen sehr hohen Grad an Orientierungsfähigkeit in einer Wirklichkeit voraus, in die er gerade hineingeboren worden ist. Die Liebe und der Glaube, wenn sie ernst genommen werden, weisen den Menschen zunächst auf seine "Nichtigkeit" und seine „Kreatürlichkeit" hin. Daher lösen sie einen Lernprozess aus, bzw. gehen in einen Lernprozess ein, der nicht bloß zu Verhaltensänderungen führen soll, sondern zur Formung des ganzen Alltagslebens in Gedanken, Worten, Gefühlen und Handlungen.

Es gehört zur Natur echter Liebe und echten Glaubens, dass die "Nichtigkeitsgefühle" und „Kreatürlichkeitsgefühle", die sie erwecken, den Menschen nicht erdrücken, sondern ganz im Gegenteil ihn trotz aller Unsicherheit aufrichten und ihn sich selbst finden lassen – ihn also *wachsen* lassen.

Die Begegnungserfahrung mit dem Geliebten oder mit Gott verlegt das Zentrum des Selbstverständnisses des Individuums *von der Subjektivität zur Wirklichkeit* und bewirkt dadurch die zunehmende Umstrukturierung seiner Wahrnehmungsfähigkeit und seines Wahrnehmungsfeldes, was sich in bestimmten Lebensformen und Verhaltensweisen ausdrückt.

Wichtig ist aber die Voraussetzung für diese Praxis: der durch diese Erfahrung in Gang gesetzte *Lernprozess*. Denn sowohl Lieben als auch Glauben *muss gelernt werden*. Der Mensch muss lernen, wie er lieben und wie er glauben soll, d.h., wie er damit umgehen soll. Er muss lernen, dass er nicht jedes Liebesgefühl und jede Liebesneigung pflegen darf, ohne sich zu fragen, ob diese Liebe für ihn sinnvoll ist und seinem Wesen gemäß ist. Er muss sie gestalten und sich überlegen, ob er sie unbedingt erfüllen muss oder ihr die Erfüllung verweigern soll und verweigern muss. Eine echte und reife Liebe ist, wie echter und reifer Glaube, eine mühsam eingeübte Haltung des Menschen der Welt gegenüber. Das bloße "Gefühl" der Liebe und das bloße "Gefühl" des Glaubens kann beim Menschen eine wilde innere Erregung von dämonischen Dimensionen entfachen, die für ihn *nur noch die Selbstzerstörung bedeuten kann.*

Diese Möglichkeit der Selbstzerstörung eines Menschen und der Gefährdung seines Mensch-Seins bei seinem Versuch, sich selbst zu verwirklichen und endlich glücklich zu sein, wirft uns zum Wachstumsprozess zurück. Diesen Prozess können wir auch die Begegnung des Menschen mit seinem "Schicksal" nennen. Denn ausschließlich im Wachstum kann der Mensch sein eigenes "Schicksal" und somit sein eigenes Glück schmieden. *In jeder anderen Hinsicht ähnelt der Mensch einem Blatt im Wind. Denn nirgends sonst hat der Mensch die Freiheit der Entscheidung, und nirgends sonst erfährt er sie so wie im Entschluss zum*

Wachstum.

3. Der Zugang zur Wahrheit und zur Wirklichkeit setzt *Freiheit* voraus und bedeutet für uns Freiheit: Wir können uns selbst nur in der *Freiheit der Entscheidung* (etwa des Glaubens oder der Liebe) erschließen. In der *Freiheit der Entscheidung* erfährt der Mensch seine *Selbstverantwortung*. Daher kann eine richtige Entscheidung, also die Entscheidung zum Wachstum, als der Zugang zu seinem wahren und wirklichen Selbst gelten.

Diese Freiheit der *Entscheidung* (Freiheit der Entscheidung und nicht bloß Freiheit der Wahl) ist wesentlich für die Konstitution des Individuums. Denn *in dieser Entscheidung geht es darum, den Schein aufzuheben und das Wahre sichtbar zu machen, damit der Mensch zu seinem eigenen Wesen kommt. **Im Vollzug dieser Verwandlung seines Selbst und der Welt** besteht die **echte Freiheit.***

Es muss hier betont werden, dass diese Freiheit *nur dann* bestehen kann, *wenn* diese Entscheidung *bedingungslos* ist. Diese Entscheidung gewährt kein „reiches, schmerzloses, süßes, gutes Leben" und sie ist auch keine Grundlage für irgendeinen "rechtlich einklagbaren Lohn". Denn nur so, d.h. *bedingungslos, kann eine **echte Individualität** tatsächlich konstituiert werden.*

Das ist auch der Grund, warum wir die Betonung auf die Freiheit der Entscheidung und nicht auf die "Freiheit der Wahl" legen. Die Freiheit der Wahl ist erstens eine bedingte Freiheit, und zweitens steht das Objekt der Wahl in ihrem Zentrum. *Die Freiheit der Entscheidung hebt die Verantwortung des Individuums für sein Tun und somit für das persönliche Wesen dieses Individuums hervor.* Eine Entscheidung ist immer eine Entscheidung zu sich selbst, deshalb ist sie auch *verbindlich.* Nur deshalb können wir uns in der Freiheit der Entscheidung selbst erschließen.

Eine ernsthafte Auseinandersetzung mit dem "Schicksal" führt notwendigerweise zur Einsicht, dass es *nur gewisse entscheidende Augenblicke* sind, in denen der Mensch zur *wahren* Freiheit gelangen kann. Sieht er das ein, erkennt er diese

Augenblicke und nimmt er sie wahr, "dann hat er eine Frage frei an das Schicksal" (Schiller). Und was heißt das denn,

wenn nicht diese tatsächliche Möglichkeit, *ins wesenhafte Selbst durchzubrechen, es zu erhellen und wirksam zu machen – mit einem Wort: zu wachsen?*

Diese Augenblicke sind Augenblicke der Geburt des wahren Ichs, das als solches Anteil an der wahren, endgültig bestimmten Wirklichkeit hat. ***In dieser Selbstüberführung vom Scheinbaren und Zufälligen zum Wahren und Notwendigen erhebt sich der Mensch über alles Zeitliche***. "Er selbst" bleibt zwar sterblich, hat aber kraft der Tatsache, dass er "er selbst" *ist*, teil an der ***ewigen Gegenwart der Wahrheit und der Wirklichkeit***.

Diese Überführung heißt, vom *Standpunkt des Individuums* aus "Wachstum", sie heißt jedoch "Fortschritt", wenn man sie vom *Standpunkt der Wirklichkeit oder von dem der Wahrheit* aus betrachtet. Das Wesen des Fortschrittes besteht im ***Verweilen auf der Insel der Ewigkeit im Zeitlichen***. Zugang zu dieser Insel kann sich der Mensch allerdings *nur* über sein

eigenes Wachstum verschaffen.

D. Die Frage nach dem Sinn des Lebens

1. Der Ausgang unserer Überlegungen war *der Mensch, der an dem haftet, was an ihm scheinbar und so zufällig ist.* Er ist ein Mensch, der an dem haftet, was durch sein vordergründiges Selbst-Verständnis bestimmt ist. Ein solcher Mensch lebt *uneigentlich,* d.h. *sein Dasein ist nicht dem gemäß, was ihm als Mensch im Allgemeinen und als Individuum im Besonderen wesentlich ist.*

Das Problem mit einer derartigen Lebensführung besteht darin, dass das Individuum ständig durch die wechselnden Umstände und Zusammenhänge seines Lebens gedrängt wird, das Scheinbare und das Zufällige an ihm zu festigen. Diese verpflichten es zunehmend: *Sein vordergründiges Selbstverständnis wird zur persönlichen Identität, der es sich zunehmend verpflichtet fühlt. „Sie", dieses diffuses Etwas, das es für „seine" Identität hält, wird für es immer verbindlicher!*

Dieses immer enger werdende „Identitäts-bildungs-Verfahren" kann ab einem bestimmten Punkt nur eine Erschütterung – positiv oder negativ – stoppen: Sie kann zum Erwachen des Individuums zu sich selbst – oder zu einem Zusammenbruch seines Selbst-Bildes führen.

Eine Erschütterung ist in dem Fall *nicht besonders heilsam,* wenn die betroffene Person den Zusammenbruch dessen erfährt, was sie für einen festen Lebens-Rahmen hielt und was sie als sichere Lebens-Orientierung verstand. Die Erschütterung kann erst dann heilsam sein, wenn die betroffene Person dabei eine Ahnung davon erfährt, was ihr Leben zu einem Leben in einer höheren Ordnung bestimmen kann. Bis zum Moment der Erschütterung war sie „einseitig" und führte ein „einseitiges" Leben; nun spürt sie das Bedürfnis, sich in einen *ganzen Menschen* zu verwandeln!

Wer das in dieser Deutlichkeit und in dieser Eindeutigkeit erfahren hat und dabei gleichzeitig eingesehen hat, was es für ihn bedeutet und was darauf folgen muss, *der fängt an zu wachsen.*

Mit dem Verstehen der Bedeutung dieser Erfahrung ist nicht ihre theoretische Deutung gemeint. Gemeint ist vielmehr die Erkenntnis, dass die mit dieser Erfahrung verbundene und durch sie erweckte Sehnsucht nach wahrhaftem, authentischem Dasein *an sich keine Bedeutung* hat, *wenn* man nicht gleichzeitig in sich den Impuls verspürt, der nun *das eigene Leben bestimmen* soll, **vom Schein zur Wahrheit, vom Schein zum Wesenhaftem durchzustoßen.**

2. Wachstum als Offenbarung des Konstanten des Menschen in ihm bedeutet also nichts anderes als der Prozess der Überführung des Scheinbaren, des relativen und des Zufälligen am Menschen in den wahren Kern seiner Persönlichkeit. Es handelt sich um einen Prozess, in dem sich der Mensch des ursprünglichen Ganzen seines Wesens zunehmend bewusst wird und sich damit in die Wahrheit seines Daseins führt.

Dabei geht es jedoch nicht bloß um die Erhebung des Menschen zu einem höheren Bewusstseins-Zustand, sondern um die „Verlegung" des Menschen selbst von seinem empirisch-konkret bestimmten Lebenszusammenhangs in den Rahmen der wahren Wirklichkeit:

Vor dem Hintergrund der Ganzheit dieser Wirklichkeit erfährt der Mensch sich in der Ganzheit seiner Person.

Wachstum stellt eine *erkenntnismäßige* Verwandlung des Individuums dar, in deren Vollzug es sich in die Wirklichkeit als Ganzes integriert. Im Laufe dieses Prozesses ändert es seine existentielle und emotionale Beziehung zu seiner Welt – seine menschliche und nicht-menschliche Umwelt, was natürlich nicht ohne Wirkung auf diese bleibt. So besteht das Wachstum in der Offenbarung und in der Entfaltung des individuellen Wesenskern.

Wenn viele Menschen heute nach „ganzheitlicher Schau" und nach „religiösen und spirituellen Erfahrungen" suchen, suchen sie in Wahrheit nach der Art der Erfüllung, die das Wachstum darstellt und aus ihm hervorgeht. Die Gefahr bei dem immer steigenden Interesse an Meditationspraktiken und an esoterische Lehren unterschiedlicher Art besteht darin, dass sich die Suchende durch sie nur durch sie noch mehr von dem Entfernen, was sie wirklich suchen.

Dass diese Gefahr, sich auf der Suche nach dem Wahren und des Wirklichen auf dem Holzweg zu befinden, schon lange bekannt ist, bezeugt Dante in seiner „Göttlichen Komödie":

„Und wie fern mit euren Wegen seid ihr

von Gottes Weg so fern wie von Erden

des höchsten Himmels Glanz und Herrlichkeit".[23]

---

[23] Dante Alighieri, Die göttliche Komödie, Purg. 33

3. In Zusammenhang mit dem Phänomen des Wachstums wird die *Frage nach dem Sinn des Lebens relevant*: Welchen Sinn hat *jedes individuelle, persönliche Leben?* Und das, was unserem Leben, jedem privaten Leben, Sinn verleiht – um es auf eine kurze Formel zu bringen – ist die Selbstverwirklichung und das Selbstsein der individuellen Person. Eine andere für uns sinnvolle Frage, die die eben genannte tangiert, ist die nach dem Sinn *im* Leben von jedem von uns. Der Sinn *des* Lebens eines Menschen unterscheidet sich also grundsätzlich von dem Sinn im Leben eines Menschen.

Dieser grundsätzliche Unterschied wird durch den bestimmenden Rahmen festgelegt, der dem jeweiligen Sinn-Begriff eigentümlich ist. **Sinn im Leben** ist *subjektiv, beliebig* und *relativ* in seinem Gehalt. Der Rahmen, in dem diese Art der Sinngebung bestimmt wird, ist das alltägliche Leben. Es geht um eine bestimmte persönliche Beschäftigung im breitesten Sinne des Wortes; diese kann kurzlebig sein, oder lebenslang bestehen bleiben. In dieser Art des Sinns kommt ein bestimmtes persönliches Interesse zum Ausdruck, jedoch ohne dabei einen notwendigen Bezug auf den Wesenskern des Individuums herzustellen: Die persönlichen Interessen und Tätigkeiten – von Arbeit, Kindererziehung, Sport, Lesen usw. – ändern sich oft im Laufe des Lebens, *ohne jedoch den Sinn des Lebens berührt zu haben.*

Der **Sinn des Lebens** bezieht sich auf das Selb-Sein der individuellen Person und ist weder subjektiv noch relativ noch beliebig in seinem Wesen. Hier steht das Selbst-Sein als Ganzes in Zusammenhang mit der Wirklichkeit als Ganzes;

diese Beziehung stiftet das, was als Sinn des Lebens eines Menschen verstanden wird.

Es ist das, was wir *Wachstum* genannt haben. Das Wesen des Wachstums besteht darin, **in Wahrheit zu handeln und in Wahrheit zu sein**, oder, was dasselbe ist, in **Wahrheit zu leben**. Das Wesen des Wachstums besteht also in der *Offenbarung des* **Konstanten des individuellen Wesens einer Person und in dessen Verwirklichung im eigenen alltäglichen Leben**.

Die **Wahrheit** *ist* **das Einzige**, *was der* **Person** *und der* **Wirklichkeit** *gemeinsam ist*. Die *Wahrheit der Person und des persönlichen Lebens* ist nichts anderes als die **echte, vollkommene** – nicht bloß volle – **Wirklichkeit der Person. Danach soll sie streben und darin besteht ihr Glück.**

Das **Höchste**, was eine Person in sich trägt, ist nichts anderes als **ihr (eigenes) Selbst** und **die Wahrheit, also Echtheit und Authentizität ihres Selbst** – es **ist ihr wahres, also echtes, authentisches persönliches Leben!**

Die Rede von der Stellung des Menschen in der Welt ist in ihrem Kern nichts anderes als die Frage nach dem persönlichen Sinn des Lebens. Die Beantwortung dieser Frage ist von der persönlichen Fähigkeit geprägt, *sich als* **wahr** *zu nehmen.*

Der Mensch als Wirkliches ist ein integraler Teil der Wirklichkeit im Ganzen. Diese persönliche Stellung des Individuums im Rahmen der Wirklichkeit ist *durch die Wirklichkeit selbst* bestimmt. Wenn also das Bestehen eines Menschen Sinn hat (Sinn *des* Lebens), muss dieser Sinn nicht bloß durch

den Wirklichkeitszusammenhang bestimmt sein, sondern darüber hinaus Teil eines größeren Sinnzusammenhangs sein, der
letztlich die Wirklichkeit im Ganzen umfasst.

V.
SCHLUSSWORT: „WAS ALSO IST DER MENSCH?"

1. Die krisenhafte individuelle Daseins-Situation, die sich im Zuge der Corona-Pandemie offenbarte, ist Ausdruck von etwas, das lange vor „Corona" da war. Die Pandemie verlangte Lebensbedingungen, die das, was *immer schon da war*, nach außen drängten.

Dabei müsste die Frage geklärt werden, warum all der *kulturelle Reichtum*, den die westlichen Gesellschaften den Einzelnen zur Verfügung stellt, zwar von ihnen „gebraucht" und „konsumiert" wird, ohne jedoch dabei die *persönlichkeits-festigende Wirkung* wirklich zu zeigen.

Die Frage „Wozu Kultur?" will auf diesen Tatbestand hinweisen und uns zur Erkenntnis führen, was Kultur in ihrem Wesen für uns bedeutet. Dabei muss uns klar sein, dass *die Wirkung der Menschen-Vergessenheit sehr weit über die persönliche Dimension eines Individuums hinausreicht*: Was wir sind und wie wir sind ist nicht nur für das Hier und Jetzt von Bedeutung; in dem, was und wie wir sind, setzen wir etwas in die Wirklichkeit hinein, das auf das Leben von Menschen – auf das, was und wie sie sind – wirkt oder wirken kann: Nicht nur Hier und Jetzt, sondern morgen und übermorgen, nicht nur unseren Familienkreis, sondern in vielen anderen auch.

Dazu ist Kultur da: *Uns näher zu uns selbst zu führen, den Schwerpunkt unseres Daseins von Außen nach Innen*

*zu verlegen, uns zu verhelfen, unser Leben selbst-orientiert
und nicht fremd-orientiert zu führen.*

Die *Aneignung* und die *Verinnerlichung* von Kultur wirken *zwangsläufig* Identitäts-festigend und Lebens-Sinn- wie auch Lebens-Glück-stiftend. Diese sind nicht bloß „Stärken", nicht bloß Ausdrücke einer „starken Persönlichkeit", die weiß, „was sie will". *Diese sind wesentliche Ausdrücke des individuellen Mensch-Seins! Hier, in dieser Wirkung liegt der Grund der Lebensnotwendigkeit der Kultur, hier liegt die Begründung ihrer großzügigen Förderung!*

Vielen von uns, die ihre *persönliche innere Freiheit* und ihre *persönliche Souveränität* betonen, gehören zu den ersten, die auf die lebens-einschränkenden Maßnahmen auf eine Weise reagierten, die innere Freiheit und Souveränität vermissen ließ.

Was *wirkliche persönliche innere Freiheit* und *wirkliche Souveränität* bedeuten, können wir von der Darlegung des ehemaligen KZ-Häftling Viktor Frankl lernen. Was innere Freiheit und Souveränität in der Extremsituation eines KZs bedeutet führt er folgendes aus:

„Nach diesem Versuch einer psychologischen Darstellung und psychopathologischen Erklärung der typischen Charakterzüge, die ein länger dauernder Aufenthalt im Konzentrationslager dem Menschen aufprägt, müßte man nun den Eindruck gewinnen, daß die menschliche Seele letzten Endes von der Umwelt her zwangsmäßig und eindeutig bestimmt wird. Ist es doch, innerhalb der Psychologie des Konzentrationslagers beispielsweise, eben dieses Lagerleben, das als eigenartige soziale Umwelt das Verhalten des Menschen scheinbar zwangsläufig gestaltet. Man wird daher mit Recht Einwendungen erheben können und fragen: wo bleibt dann die menschliche Freiheit? Gibt es denn da keine geistige Freiheit des Sichverhaltens, der Einstellung zu den gegebenen Umweltsbedingungen? Ist es wirklich so, daß der Mensch nichts weiter sei als ein Produkt vielfacher Bestimmtheiten und Bedingtheiten, seien sie nun biologisch gemeint oder psychologisch oder soziologisch? Ist der Mensch also wirklich nicht mehr als das zufällige Resultat seiner leiblichen Konstitution, seiner charakterologischen Disposition und seiner gesellschaftlichen Situation? Und, im besonderen: zeigt sich an den seelischen Reaktionen des Menschen auf die besondere, sozial bedingte Umwelt des Lagerlebens tatsächlich, daß er den Einflüssen dieser Daseinsform, denen er gezwungenermaßen unterstellt ist, sich gar nicht entziehen kann? Daß er diesen Einflüssen unterliegen muß? Daß er »unter dem Zwang der Verhältnisse«, der dort im Lager herrschenden Lebensverhältnisse, »nicht anders kann«?

Nun, diese Frage können wir sowohl erfahrungsmäßig als auch grundsätzlich beantworten. Erfahrungsgemäß insofern, als das Lagerleben selber uns gezeigt hat, daß der Mensch sehr wohl »auch anders kann«. Es gäbe Beispiele genug, oft heroische, welche bewiesen haben, daß man etwa die Apathie eben überwinden und die Gereiztheit eben unterdrücken kann; daß also ein Rest von geistiger Freiheit, von freier Einstellung des Ich zur Umwelt auch noch in dieser scheinbar absoluten Zwangslage, äußeren wie inneren, fortbesteht. Wer von denen, die das Konzentrationslager erlebt haben, wüßte nicht von jenen Menschengestalten zu erzählen, die da über die Appellplätze oder durch die Baracken des Lagers gewandelt sind, hier ein gutes Wort, dort den letzten Bissen Brot spendend? Und mögen es auch nur wenige gewesen sein – sie haben Beweiskraft dafür, daß man dem Menschen im Konzentrationslager alles nehmen kann, nur nicht: die letzte menschliche Freiheit, sich zu den gegebenen Verhältnissen so oder so einzustellen. Und es gab ein »So oder so«! Und jeder Tag und jede Stunde im Lager gab tausendfältige Gelegenheit, diese innere Entscheidung zu vollziehen, die eine Entscheidung des Menschen für oder gegen den Verfall an jene Mächte der Umwelt darstellt, die dem Menschen sein Eigentliches zu rauben drohen – seine innere Freiheit – und ihn dazu verführen, unter Verzicht auf Freiheit und Würde zum bloßen Spielball und Objekt der äußeren Bedingungen zu werden und sich von ihnen zum »typischen« Lagerhäftling umprägen zu lassen".[24]

„Wir haben den Menschen kennengelernt wie vielleicht bisher noch keine Generation. **Was also ist der Mensch?** Er ist **das Wesen, das immer entscheidet, was es ist.** Er ist das Wesen, das die Gaskammern erfunden hat; aber zugleich ist er auch das Wesen, das in die Gaskammern gegangen ist aufrecht und ein Gebet auf den Lippen".[25]

---

[24] Viktor Frankl, Trotzdem ja zum Leben sagen, München 1977, S. 101f.

[25] ebd. S.130f. , von mir betont

2. Was bedingt den Unterschied zwischen dem Gaskammern-Erfinder und denjenigen, für den diese gedacht wurden? Was bringt diesen Unterschied zum Ausdruck?

Der eine steht für das, was Zivilisationsbruch genannt wird, der andere für das un-bedingte Mensch-Sein. Der erste vermutlich ein hochgebildetes Kind einer der wichtigsten Kulturnationen, der andere einfach ein Mensch, der trotz allem, was um ihn und mit ihm geschieht, in sich ruht. Der eine tief im Menschen-Vergessen-Sumpf versunken, der andere offenbart bis zum letzten Moment seines Lebens das, was **Mensch-Sein** bedeutet: **Größe und Grenze des Menschen!**

Die Betrachtung der Entwicklungsgeschichte der Kultur (in unserem Fall der westlichen) zeigt eindeutig und unmissverständlich, dass sie *durch und durch* **spontan** von statten geht. Das, was „geplante", ideologisch bestimmte Kultur-Schöpfung bedeutet, wissen wir aus der Erfahrung mit den verschiedensten Menschen-verachtenden Regimen.

Hier handelt es sich um den Unterschied zwischen Kultur als die *Auseinandersetzung des Menschen mit sich selbst* und zwischen dem Versuch, einen neuen bzw. einen anderen Menschen-Typus *zu schaffen*, wobei die „alte Menschen-Version" unterdrückt und verdrängt werden soll.

Die Tatsache, dass sich der Mensch nicht als vorgegeben findet, sondern durch die Frage „Wer bin ich?" zu sich geweckt wird und dies ihn, je nach dem wie er dies versteht, in Unruhe versetzt, ihn motiviert, Erkenntnis-Arbeit zu leisten. Ein *spontanes* „Produkt" dieser Unruhe und diese Erkenntnis-Arbeit sind die *Kultur-Schöpfungen*.

So hat sich im Laufe der Jahrhunderte in allen Kulturbereichen etwas geschaffen, was uns ermöglicht, uns selbst näher zu kommen. Es gab keine Zeit wie die unsere, die so reich an Kultur-Schätzen war.

Das bedeutet Verantwortung: Nicht bloß die Kulturschätze zu bewahren, sondern vor allem sie uns anzueignen und zu verinnerlichen. Aber nicht nur in Bezug auf uns; wir tragen große Verantwortung den _nächsten Generationen_ gegenüber: Kann es für diese ein klareres und deutlicheres _Vor-Bild_ wie auch einen stärkeren _Reiz_ zur Selbst-Suche und zur Selbst-Bestimmung geben, als _unsere authentische Persönlichkeit_ und _unser authentisch geführtes Leben_ geben? Carpe diem! – Nutze den Tag!